Al dí@

Curso superior de español para los negocios.

Español Lengua Extranjera

SGEL

Al dí@

Curso superior de español para los negocios.

Español Lengua Extranjera

SGEL

Primera edición, 2014

Produce: SGEL – Educación
Avda. Valdelaparra, 29
28108 ALCOBENDAS (Madrid)

© Gisèle Prost, Alfredo Noriega

© Sociedad General Española de Librería, S. A., 2014
Avda. Valdelaparra, 29, 28108 ALCOBENDAS (Madrid)

Edición: Belén Cabal
Cubierta: Carla Esteban
Maquetación: Violeta Cabal
Fotografías: Shutterstock, Cordonpress (pág. 121), Wikipedia (pág. 35; archivo Aurelio Escobar Castellanos) y archivo SGEL.
Algunos logos e imágenes proceden de las páginas de los propietarios.

Para esta publicación se ha utilizado información con fines educativos (no publicitarios ni de otro tipo) sobre empresas reales con los datos disponibles en el momento de su edición. Para cualquier sugerencia o corrección, rogamos se pongan en contacto con la editorial.

ISBN: 978-84-9778-555-6

Depósito legal: M-5771-2014
Printed in Spain – Impreso en España

Impresión: Gohegraf, S.L.
Encuadernación: Gómez Paricio, S. A.

PRESENTACIÓN

Al dí@, nivel superior, fue escrito a principios de 2000, cuando todavía internet no había entrado de lleno en la economía, y tan solo se vislumbraba de manera episódica como herramienta pedagógica. Ahora, unos años más tarde, internet no solamente es una evidencia, tanto a nivel económico como educativo, sino un elemento que tiene una enorme incidencia en todos los hábitos de la vida.

El uso de internet se ha vuelto consustancial a la actividad pedagógica y, por supuesto, a la empresarial; por lo que el nuevo *Al dí@, nivel superior*, ya no pone de manifiesto su uso, sino que más bien lo considera como natural, pues tanto los pedagogos como los empresarios están cotidianamente conectados a la red.

Al dí@, nivel superior, ha sido renovado casi en su totalidad, mejorando sus contenidos, ampliando sus actividades, dando a los proyectos un mayor espacio, todo ello en un entorno más cercano a la realidad socioeconómica del momento, tanto en América Latina como en España, y en las interacciones de ellas con el mundo. Si bien es cierto que la crisis ha afectado a muchos países, también es cierto que el dinamismo del mundo hispánico es latente, y su influencia es cada vez mayor.

Apostamos por una España y una América Latina cada día más fuertes e innovadoras, donde la lengua juega un papel preponderante, no solamente por el número de sus hablantes sino por su uso en el mundo de los negocios.

Al dí@, nivel superior, ha conservado sus fortalezas; una estructura clara y ágil, dividida en tres partes: **Cada día más**, **Analicemos y practiquemos** y **Creemos y negociemos**, que permiten interacciones múltiples dentro del aula, reflexiones personales, investigación y trabajo en equipo.

Hemos utilizado material tomado o adaptado de revistas, periódicos, sitios internet, blogs, etc., de una vigencia que trascenderá la época inmediata; utilizamos temáticas abiertas, que se prestan al debate y a la reflexión. Las actividades y proyectos han sido probados con nuestros estudiantes y por muchos colegas que han utilizado *Al dí@, nivel superior*, en sus aulas, haciéndonos llegar sus comentarios y sugerencias, que hemos tomado en cuenta en el momento de la renovación. Les agradecemos a todos la ayuda que nos han prestado.

Al dí@, nivel superior, es un manual que incita al uso comunicativo profesional y técnico de un idioma, en los múltiples dominios vinculados a los negocios, a la cultura empresarial y a la realidad económica del mundo hispanohablante. Es un libro que pone de manifiesto las relaciones interculturales, vistas a través de los intercambios comerciales y las relaciones humanas, y no duda en poner de relieve los conflictos y las crisis, así como los aciertos y el dinamismo propios del quehacer laboral.

Los autores desean que esta nueva versión de *Al dí@, nivel superior*, responda a las expectativas de los estudiantes y profesores de todo el mundo y sea una herramienta útil, eficaz y atractiva para todos.

ÍNDICE DE CONTENIDOS

La nueva empresa

CADA DÍ@ MÁS

a Una historia de alto vuelo

1 Pasar de comunicar a vender. Lee el siguiente texto.

Piénsalo despacio. Si ya tienes presencia en las redes sociales, ¿por qué no dar el paso de comunicar a vender a un grupo de personas que ya sienten afinidad con tu empresa? Es más fácil que tus seguidores –o sus amigos– te compren un producto, si les das todas las facilidades para hacerlo: una tienda en Facebook, promociones en Twitter...

La idea fundamental para vender es que generes un flujo de contactos y recomendaciones entre todas las redes en las que estés presente y tus puntos de venta, sean exclusivamente on-line o también físicos. ¿Cómo? Presentando ofertas y productos exclusivos a tus seguidores.

La principal fuerza de las redes sociales reside en las recomendaciones entre sus usuarios. Es la diferencia fundamental entre tener un comercio on-line y un comercio en redes sociales. Y lo que las convierte en un canal de ventas tan interesante. Es un nuevo canal de ventas que puede interesar a clientes que probablemente no atraerías en Google o en tu web. Puedes llegar a ellos gracias a las recomendaciones entre amigos. La clave es ofrecer algo diferente a lo que encuentran en tu otro comercio, si lo tienes. Puedes ofrecerles información que tenga interés para ellos, productos dedicados solo a los fans o seguidores, un mejor precio o una invitación a una fiesta en exclusiva para tus seguidores. El objetivo es que les sorprendas para que quieran compartirlo con el resto de sus amigos.

Que las redes son un canal de venta con mucho futuro para las pymes, lo demuestran algunos buenos ejemplos de pioneras que ya lo están aprovechando. Ahora bien, cuando se trata de vender en redes, hay una buena y un mala noticia para quien quiera hacerlo de verdad. Empezamos por la buena: una vez que se tiene presencia en cualquiera de las redes y se ha generado una comunidad de seguidores detrás, resulta bastante sencillo terminar vendiendo a esos potenciales clientes. La mala, que si perteneces a ese 50% de pymes que, según un reciente estudio de la Fundación Banesto todavía no ha dado el salto a las redes sociales, no podrás vender sin haber pasado primero al menos un año desarrollando tu negocio y tu comunidad. Para consolarte, podemos decirte que estamos en un momento tan absolutamente incipiente de todo este fenómeno que aún estás a tiempo de recuperar el terreno perdido.

Tomado de *Emprendedores*

2 Explica en qué consiste la novedad de la venta en redes sociales y coméntalo con tus compañeros.

3 ¿Qué tipo de empresas tiene más interés en este nuevo canal de venta y por qué?

b Las distintas caras del mismo ¿negocio?

1 ¿Conoces estas redes sociales? Completa los cuadros con toda la información que sepas de ellas.

2 **Las redes verticales. En grupo o individualmente, elige una de las redes que mencionamos y preséntala a tus compañeros.**

Las redes verticales son el lugar perfecto para llegar a un público que está ahí en torno a una afición o profesión muy concreta. Eso las convierte en una plataforma para vender mucho más atractiva para las pequeñas y medianas empresas porque ya tiene el público completamente segmentado. Piensa que ya está creada la comunidad. Las hay de todo tipo sobre:

- la caza: Cazaworld
- motos: Motorus
- viajes: Viajaris
- ciclismo: BKool
- danza: DanzAd

o redes de profesionales como:

- la arquitectura: Arkired
- inversores y emprendedores: InvierteMe, etc.

ANALICEMOS Y PRACTIQUEMOS

a Hoy en dí@

1 Leed este diálogo.

ANA: Ahora que has terminado los estudios debes buscarte un buen puesto.

JULIO: Lo que quiero es crear mi propia empresa, para no depender de un jefe y ser autónomo.

ANA: Pero te falta experiencia, además no solo se trata de tener o no jefe, ni de ser o no autónomo, hay que saber lo que uno puede hacer, tener ideas. Qué producto, para qué mercado, la estructura adaptada. En fin, el cuándo, el dónde y el cómo.

JULIO: Ideas me sobran, en cuanto a la experiencia, se la va adquiriendo, además por algo estudié Administración de empresas. La gestión, el marketing, la logística, los suministros, todo eso lo conozco, es cuestión de organización, de voluntad, tú siempre me has dicho lo mismo.

ANA: No se trata de lo que te he dicho, sino de lo que puedes y quieres hacer, una cosa es querer y otra poder. A los jóvenes de hoy les falta realismo. El mercado está saturado, la competencia es feroz, y ya no solo compites con tus vecinos de barrio, ¡compites con el mundo entero!

JULIO: ¡Parecería el Apocalipsis! La nueva economía está abriendo campos que los de tu generación desconocen. Hacer negocios con el extranjero no es como antes, las barreras están cayendo, los tratados comerciales a nivel internacional lo demuestran; además, las nuevas tecnologías son una herramienta invalorable.

ANA: Las nuevas tecnologías no lo resuelven todo. No han cambiado el fundamento de las economías. Si no me equivoco, seguimos hablando de oferta y demanda, de mercado, de cliente potencial, de producto adaptado, de gastos e ingresos, de inversiones, de facturación.

JULIO: Pero ahora comprendemos más y mejor. En tu época los negocios se vislumbraban en la producción o en los servicios de proximidad. Ahora hay empresas que cubren áreas increíbles.

ANA: Mira, en mi época, para nosotras las mujeres todo era difícil, y aunque nos queda mucho camino por andar, lo que hemos logrado ha sido paso a paso, sin quemar las etapas. No quiero comparar nuestra situación de antaño con la tuya, pero sigo pensando que lo mejor es comenzar trabajando en una empresa ya constituida. Tu reto hoy en día no es el éxito económico sino más bien el laboral.

JULIO: Pero tener proyectos ambiciosos no es necesariamente pretender quemar las etapas. Además no soy el único de mi promoción que piensa así.

ANA: Lo que debes hacer es buscarte un primer empleo y luego ver. La experiencia de los otros ayuda siempre a mirar más claro el panorama. No puedes comenzar en el mundo empresarial equivocándote, esto no es un juego de azar.

JULIO: Pero el riesgo siempre ha formado parte de la creación empresarial.

ANA: El riesgo seguro. Primero vivir en una empresa, conocerla, manejarla, luego crearla.

2 Resume los argumentos de Ana y Julio.

Ana	Julio

3 Según tu opinión:

	Ana	Julio
1. ¿Quién tiene un espíritu más emprendedor?	☐	☐
2. ¿Quién es más precavido?	☐	☐
3. ¿Quién tiene las ideas más claras?	☐	☐
4. ¿Quién conoce mejor la nueva economía?	☐	☐
5. ¿Quién sabe más sobre el mundo del trabajo?	☐	☐
6. ¿Quién domina más las técnicas empresariales modernas?	☐	☐
7. ¿Quién es más flexible?	☐	☐
8. ¿Quién conoce mejor sus límites?	☐	☐

4 ¿Quién tiene razón? ¿Ana o Julio? ¿Por qué? Votad por el personaje con el que estéis más de acuerdo.

5 Busca en el texto los sustantivos que corresponden a estos verbos.

1 emprender	2 producir	3 suministrar	4 competir
5 negociar	6 gastar	7 ingresar	8 ofrecer
9 invertir	10 servir	11 facturar	12 proyectar
13 emplear	14 arriesgar	15 crear	16 desafiar

6 Relaciona los siguientes pares de verbos.

1. terminar	a. mantener
2. buscar	b. cerrar
3. faltar	c. perder
4. saber	d. comenzar
5. adquirir	e. acertar
6. conocer	f. complicar
7. abrir	g. encontrar
8. resolver	h. ignorar
9. cambiar	i. sobrar
10. equivocarse	j. desconocer

7 ¡Un gran emprendedor! Completa el texto utilizando formas apocopadas o no de los elementos entre corchetes.

«Hay muchas ideas equivocadas acerca de los creadores de empresas», declara el autor de *Adiós al jefe*, obra que intenta desmontar [alguno] 1 _____ de los mitos erróneos que no ayudan de [ninguno] 2 _____ modo a fomentar el espíritu emprendedor. Según él, son fantasías que desalientan a [cualquiera] 3 _____ posible emprendedor e incluso ejercen una [malo] 4 _____ influencia sobre los jóvenes. [Alguno] 5 _____ de estos mitos son los siguientes:

Lo que importa es la idea. De hecho, la ejecución lo es todo. Casi todos tenemos ideas muy [bueno] 6 _____, pero hacer que funcionen es lo que realmente cuenta.

Los emprendedores nacen, no se hacen. Las investigaciones demuestran que los dueños de las empresas con más éxito adquirieron experiencia trabajando [primero] 7 _____ para otros y aprendieron a dirigir una empresa antes de aventurarse a crear una propia.

Las empresas de nuevo cuño son organismos unipersonales. La mayoría de las que salen adelante tiene al frente a [bueno] 8 _____ equipos cualificados más que a personas individuales.

Los emprendedores son personas solitarias. Sacar adelante una empresa de [grande] 9 _____ tamaño o una pyme es una tarea [tanto] 10 _____ importante que exige entregarse al [100%] 11 _____. Ahora bien la [grande] 12 _____ mayoría de los empresarios son personas extrovertidas que disfrutan con la compañía de los demás.

Adaptado de *Emprendedores*

Fíjate en estas formas apocopadas del diálogo:

*… debes buscarte un **buen** puesto.*
*Lo que debes hacer es buscarte un **primer** empleo.*
***Primero**, vivir en una empresa…*

---

8 ¡Vamos progresando! Completa el texto escogiendo la forma progresiva más adecuada.

Ejecutivas de altos vuelos

¿Por qué una mujer no puede tener la misma credibilidad que un hombre en los viajes de negocios? Este sector hasta hace poco eminentemente masculino constituye un sustancial y lucrativo mercado, posiblemente el que más rápido (1) *está / sigue creciendo* en los últimos años, según coinciden en señalar agentes de viajes, hoteles y diferentes compañías aéreas.

Estas últimas ya han comenzado a hacer sus cábalas. El 20% de los viajeros de largo recorrido en clase *business* son mujeres, según un estudio realizado por **Air France**. Este porcentaje (2) *sigue / está alcanzando* hoy el 22% en los vuelos de medio recorrido y hasta un 30% en los domésticos franceses. Si se cruza el charco, aunque (3) *va / sigue habiendo* una mayoría de hombres, los porcentajes son aún mayores. También los restaurantes y las grandes cadenas hoteleras (4) *están / siguen tomando* cartas en el asunto y no solo (5) *están / siguen desarrollando* un servicio en el que la mujer de negocios deje de sentirse como una extraña, sino que, además, (6) *están / van creando* poco a poco productos y servicios específicamente femeninos. Por ejemplo, ciertos establecimientos ofrecen menús dietéticos.

Oportuno fue para Chiqui Búa, directora de la agencia de publicidad **Publicis**, encontrarse como detalle en la habitación del parisino hotel Balzac un quitaesmalte. «Lo que más valoro es el confort en general y, sobre todo, un tratamiento de calidad e igualitario», dice. Pero tras muchos años en los negocios (7) *está / sigue comprobando* que algunas situaciones (8) *están / siguen repitiéndose*; a menudo, cuando invita a comer a algún cliente o empleado en un restaurante, «el camarero, señala, (9) *sigue / va ofreciendo* la bandeja con la consabida factura al caballero de la mesa, independientemente de quien pida la cuenta». Hay costumbres que todavía (10) *están / van tardando* en cambiar.

Adaptado de *Actualidad Económica*

Fíjate en las formas progresivas aparecidas en el diálogo:

- la nueva economía **está abriendo** campos
- las barreras **están cayendo**

- la experiencia, se la **va adquiriendo**

- **seguimos hablando** de oferta y demanda
- **sigo pensando** que lo mejor es...

- *estar* + **gerundio** expresa el desarrollo de la acción.
- *ir* + **gerundio** subraya el carácter progresivo de la acción.
- *seguir* + **gerundio** expresa la continuidad de la acción.

9 ¿Compartes la opinión de Chiqui Búa? ¿Qué valoras en las relaciones de negocios?

10 ¿En tu ciudad o país las mujeres son grandes emprendedoras? ¿Tienes un ejemplo?

11 ¿Piensas que esta situación va a mejorar? Habla con tus compañeros.

b Los cargos de la empresa

1 Escucha la grabación y escribe el número que corresponde a cada cual en la empresa.

☐ Director de exportación
☐ Secretaria de dirección
☐ Webmaster
☐ Jefe de producción

☐ Directora comercial
☐ Analista financiero
☐ Responsable de marketing
☐ Jefe de producto

☐ Telefonista-recepcionista
☐ Directora de RR. HH.

2 ¿A qué departamento de la empresa crees que corresponden las siguientes actividades?

1. Dpto. financiero
2. Dpto. de producción
3. Dpto. comercial
4. Dpto. de personal

☐ Selección de personal
☐ Investigación y desarrollo (I+D)
☐ Presupuestos y previsiones
☐ Control de calidad
☐ Promoción de ventas
☐ Formación de personal
☐ Costos
☐ Contabilidad
☐ Fabricación
☐ Estudios de mercado
☐ Publicidad
☐ Salarios

3 ¿Qué hace cada departamento? ¿En cuál trabajas, has trabajado o te gustaría trabajar?

La nueva economía

1 Lee estos textos.

Conservas Serrats

Una pyme con oferta de productos tan poco afín aparentemente al público de la redes sirve bien para ilustrar cómo vender en Facebook.

Esta conservera vasca, que ya contaba con un comercio on-line, ha creado su tienda en Facebook con poca inversión. Aunque el porcentaje de ventas todavía es bajo, se sienten «satisfechos porque, entre otras cosas, hemos conseguido que la gente llegue más a nuestra página, nos conozca un poco más y se suscriba a la *newsletter*. Esta relación más personal, en muchos casos termina en una compra», asegura Esperanza Serrats, su directora de marketing.Resultados modestos, con una inversión modesta («estamos en un momento muy incipiente, es difícil que una pyme consiga grandes resultados»), pero ellos piensan más en el largo plazo y la fidelización que en las ventas a corto plazo. «No es una tienda al uso –advierte Serrats–. Es un espacio de ofertas, donde la gente puede acceder a cinco productos que van rotando en el tiempo, y todos ellos con un precio especial».

Tomado de *Emprendedores*

Hotel Talaso Atlántico

La apuesta por las redes de este hotel gallego empezó hace un año y medio. Están en Twitter y Linkedin, y con tienda en Facebook desde hace un año.

Para su gerente, Celso Gómez, que compagina esta labor con la de recepcionista del hotel, los resultados son excelentes. En la tienda en Facebook se cierra un 10% de las ventas y han aprovechado este nuevo espacio para presentar una oferta distinta a la de su web; «un producto más pensado para regalo, bonos sin fecha cerrada, que encaja más en la filosofía de las redes», explica Gómez.

Para él, no obstante, los resultados de la tienda en Facebook son una etapa más de toda su estrategia en medios sociales. «Entramos en las redes porque no teníamos dinero para invertir en publicidad y con la crisis estábamos trabajando solo con promociones para atraer clientes. Ahora estamos en la cuarta posición por ventas on-line del sector y muy por delante de gigantes como El Corte Inglés», asegura.

Tomado de *Emprendedores*

2 Haz un retrato rápido de cada una de estas empresas.

3 ¿A qué empresa corresponde cada afirmación?

1. En Facebook tienen un rincón de ofertas con cinco productos. _____
2. La empresa se atiene a una estrategia de venta en medios sociales. _____
3. Integrarse a las redes permite captar clientes sin invertir en publicidad. _____
4. Lo importante es crear una relación más personal con los clientes. _____
5. En su sector, las ventas on-line superan las de empresas de mayor tamaño. _____
6. La empresa está presente en varias redes sociales. _____
7. Han invertido poco para crear su tienda en Facebook. _____
8. Facebook permite acceder a una gama más amplia de clientes. _____
9. La empresa no produce productos que se suelen vender en las redes sociales. _____
10. Ponen mucho esmero en la elección de los productos ofertados en su tienda en Facebook. _____

▶ 2 **4** Una estrategia integral de venta en redes: Ticketea. Escucha la grabación y responde al cuestionario.

	Sí	No
1. Ticketea es una empresa relacionada con el ocio.	☐	☐
2. La venta en redes sociales es un canal privilegiado para las grandes empresas.	☐	☐
3. La aportación financiera es elevada para poder integrarse a las redes sociales.	☐	☐
4. Ticketea se creó y se integró a Facebook en 2010.	☐	☐
5. Facebook representa el segundo canal de ventas de la empresa.	☐	☐
6. El 12% de las ventas de Ticketea que procede de la integración a Facebook no es mucho.	☐	☐
7. Gracias a su presencia en redes la empresa puede captar organizadores de eventos.	☐	☐
8. En Facebook se suelen ofrecer productos que tienen un contenido social.	☐	☐
9. Intentar vender zapatillas en Facebook sería un contrasentido.	☐	☐
10. La clave de este tipo de venta es conseguir el efecto dominó o de bola de nieve.	☐	☐
11. Según Javier Andrés la venta en redes supone una pérdida de tiempo.	☐	☐
12. Lo que prima hoy para las marcas es dar más vigor a la web.	☐	☐
13. La correa de transmisión de las redes sociales son los bares.	☐	☐
14. Los usuarios más activos de las redes desempeñan el mismo papel que las *chicas guapas* que atraen a los clientes en los bares.	☐	☐

5 Apoyándote en los ejemplos estudiados, comenta estas afirmaciones con tus compañeros.

- En las redes sociales, la oferta de productos no tiene por qué ser la misma que tienes en tu comercio. Es más, lo ideal es que no lo sea.
- El éxito conseguido por las empresas se debe a los privilegios otorgados a los usuarios.
- Las redes sociales dan acceso a clientes que no llegan por otra vía.
- Eso sí, debes tener en cuenta que vender en redes sociales no es del todo gratis, requiere inversión de tiempo para captar a los fans, conversar, interactuar, ofrecer valor añadido, etc.

CREEMOS Y NEGOCIEMOS

a Hoy en dí@ la creación de una empresa

1 ¿Con cuál de estas cuatro personas estarías más de acuerdo para lanzarte en un proyecto de empresas?

La idea

Pienso que lo más importante para crear tu propia empresa es tener una buena idea. Sin ideas no se avanza; son a mi modo de ver la clave del éxito. Son, digamos, los cimientos de cualquier proyecto empresarial.

Julio Arregui

Los socios

Para mí, lo fundamental son las personas con las cuales trabajamos. Si nos entendemos bien con ellas, podemos avanzar, ser creativos; un buen equipo convence a los inversores más que una idea.

Carla González

Los inversores

En el mundo en el que vivimos lo más importante es tener un capital, saber que contamos con el apoyo financiero; sin él nada se puede hacer. Hay miles de ideas, cientos de buenos colaboradores, pero sin inversores interesados es imposible concretizar.

Verónica Fernández

El plan de negocio

Lo primero es un buen plan de negocio, con un buen plan toda idea es factible; saber a dónde se va, conocer los pormenores del proyecto, las necesidades, el mercado al cual se dirige. Hoy en día todo se vende si el envoltorio es atractivo.

Pedro Arteaga

2 ¿Qué otros argumentos podrías poner de relieve?

3 Cualidades y defectos del emprendedor. Relaciona las columnas.

1. El emprendedor es un egoísta. Lo único que busca es su propio beneficio. Cuanto más dinero gana, mejor.

2. El emprendedor estafa a sus clientes. Vende siempre al precio más caro que puede y compra al precio más barato.

3. Emprendedor se nace. Los emprendedores son gente hecha de una pasta especial. O se tiene o no se tiene.

4. El emprendedor es un temerario.

5. Para un profesional que se encuentra en la mitad de su carrera como empleado (a los 40-45 años), es una locura tomar la decisión de abandonar su empleo seguro para intentar la aventura de crear una empresa.

a. En el mercado –la situación habitual en las economías desarrolladas– es la ley de la oferta y la demanda la que fija los precios, no el empresario. Es decir, el empresario no pone el precio que quiere, sino aquel que están dispuestos a pagar los consumidores.

b. Los emprendedores de éxito calculan cuidadosamente los riesgos que asumen e intentan disminuirlos al máximo mediante la preparación exhaustiva y las alianzas estratégicas. Según Andrew Grove, fundador de Intel, «lo mejor es tomar la decisión correcta. Lo peor es evadir el riesgo. No arriesgarse es fracasar».

c. Ya no es tan seguro trabajar como empleado. Solo hay que observar las cifras de despido, la precariedad del mercado laboral actual (contratos temporales, movilidad geográfica, jubilaciones anticipadas, etc.) y la ansiedad permanente en la que vive el trabajador, para constatar que los tiempos del empleo fijo han terminado.

d. Es absurdo hablar de una personalidad emprendedora; no hay más que observar las características de 10 empresarios de éxito para encontrar que cada uno tiene una personalidad distinta. El mundo de la empresa es amplísimo y no todos los sectores exigen las mismas características al emprendedor.

e. El emprendedor está más motivado por trabajar en un proyecto propio, controlar su destino y hacer realidad su visión empresarial que por ganar dinero rápido.

4 Sondeemos tus opiniones y las de tus compañeros.

	V	F	Depende
1. Hay una edad límite para lanzarse en los negocios.	☐	☐	☐
2. Solo la gente rica puede emprender un negocio.	☐	☐	☐
3. Es mejor no hacer negocios con familiares.	☐	☐	☐
4. Mis asociados no son mis amigos.	☐	☐	☐
5. Ser empresario es una responsabilidad social.	☐	☐	☐
6. El mundo de la empresa es superficial.	☐	☐	☐
7. Las empresas enriquecen al empresario, no al país.	☐	☐	☐
8. Para salir del desempleo se debe crear una empresa.	☐	☐	☐

5 Analizad los resultados del sondeo.

6 Desde tu punto de vista, ¿cuáles son las características del perfecto emprendedor?

7 Comentad estas características y definid juntos el perfil que mejor os convenga.

b ¿Cómo emprender siendo joven?

1 Lee estas lecciones de jóvenes emprendedores.

Creadores de FLUFF, Marta Rueda (23 años) y Alberto Romero (23 años)

¿Qué hacen una psicóloga y un diseñador gráfico juntos? Crear una marca de juguetes con contenido psicológico (muñecos para ayudar a niños con fobias y miedos): «A mí siempre me había gustado trabajar con niños y ya desde tercero de carrera sabía que quería hacer algo relacionado con ello. Coincidió que en aquel momento Alberto tenía que crear una marca para un proyecto para su carrera», relata Marta Rueda, la mitad psicológica del tándem. Al mismo tiempo, un profesor le habló de unos premios para jóvenes emprendedores en los que solo hacía falta una idea. «Como ya teníamos en marcha la imagen corporativa para el trabajo de Alberto, lo presentamos y pasamos a la siguiente fase». Así, lo que en un principio iba a ser una colaboración estudiantil empezaba a tomar la forma de empresa. Tenían 21 años. ¿Sus claves?
-**Introducirse en el sector.** Tuvieron que aprender a ser uno de ellos. «El sector juguetero es muy cerrado y si no perteneces a ellos desde el principio, eres un extraño». Por eso, Alberto consiguió una beca para el Instituto Tecnológico de Juguetes. -**Aprovechar los concursos.** Además de ganar el premio CIADE (Centro de Iniciativas Emprendedoras), fueron seleccionados por Banespyme Orange donde les dieron un nuevo curso de formación. -**Informarse a fondo.** Tanto para encontrar el vivero de empresa como para encontrar los fabricantes que necesitaban.

Creador de Grupo Viajes Outlet, Jordi Alcáraz (18 años)

En octubre pasado celebró su mayoría de edad con los 59 franquiciados que componen hoy por hoy el Grupo Viajes Outlet, la empresa que creó con 17 años. «Yo tenía claro que quería montar una empresa. No me gustaban los estudios y empecé un módulo de Gestión Administrativa. Sorprendentemente obtuve la mejor nota de todo el colegio. Comprendí que aquello era lo mío. Además, me gustaba mucho internet y cada vez que alguien de mi familia o de mis amigos quería hacer un viaje, yo navegaba por la red hasta encontrar los precios más interesantes. La noticia fue corriendo de boca en boca y cada vez había más gente que me pedía que le organizase sus viajes hasta que un día decidí hacerlo de forma profesional. Así monté una agencia de viajes *outlet* en un local de Sabadell». ¿Sus claves? **-Buscar asesoramiento**. «Lo primero que hice fue pedir consejo a quien realmente sabía sobre la materia. En mi caso, fue un bufete de abogados especializado en el sector turístico. Ellos me han guiado y me han ayudado mucho en todo el proceso». **-Tomárselo en serio**. «Nada más empezar, acudí a un notario para poder ser el administrador de la sociedad, tener propiedades y eximir así de responsabilidades a mis padres». **-Ser prudente.** Han crecido muchísimo y ya son 59 agencias y cinco personas contratadas en la central, pero se muestra prudente: «Ahora estamos creciendo mucho pero también gastando mucho». Son realistas.

Tomado de *www.emprendedores.es*

2 ¿Cómo lo lograron? Dilo con tus propias palabras.

3 ¿Conoces historias similares? Cuéntaselas a tus compañeros.

▸3 **4** Escucha la experiencia de otros jóvenes emprendedores y completa el cuadro.

Nombre de los creadores:	
Edad:	
Nombre de la empresa:	
Nivel de estudios en el momento de la creación:	
Sector de actividad:	
Claves del emprendimiento:	

C Cómo diseñar un sitio web vendedor para su negocio

1 Lee este artículo.

Un sitio web de carácter comercial necesita que tengamos en cuenta algunos elementos esenciales

Un diseñador debe dedicarle mucho tiempo a establecer cuál va a ser el propósito de su página y cómo van a interactuar los usuarios con él. Colóquese en el lugar de sus visitantes. El error más común es no considerar las necesidades de sus usuarios.

Gaste tiempo y dinero en hacer que su empresa se vea correctamente. Un sitio bien diseñado puede hacer ver grande e impresionante su compañía.

La habilidad de persuasión juega un papel primordial en la venta de productos y servicios tanto en línea como fuera de línea. Sin embargo, persuadir en línea es aún más crucial e implica un reto mayor dadas las características propias del medio y especialmente si usted o su compañía son 'desconocidas' en el medio.

Tendrá que persuadir a los demás de la necesidad de sus productos o servicios y dar los elementos necesarios para «llamar a la acción» a sus visitantes.

Lograr lo anterior depende en gran medida en qué tan razonable es lo que usted está solicitando; de su credibilidad y habilidad de hacer una oferta lo suficientemente atractiva a sus clientes potenciales. Los comunicadores efectivos logran lo anterior mediante la generación de credibilidad y mediante el 'enganche' de su audiencia haciéndoles ver los beneficios que obtendrán mediante la compra de un producto, un servicio o una idea. Para lograr este objetivo tendrá que enfocarse en analizar el producto y el propósito de su propuesta comercial, adaptarlo a su audiencia, y obtener información y organizar el mensaje que va a transmitir.

El objetivo final de su presencia en internet será lograr ganar la atención de sus clientes potenciales, generar interés por su oferta, convenciéndolos que lo que usted ofrece tiene valor, reducir la resistencia y motivar a la acción, es decir a la compra.

2 Establece una lista de similitudes y diferencias con un comercio tradicional.

d Creación de un sitio internet de artesanías

Asóciate con dos o tres personas de tu clase y cread juntos un sitio en internet con el objetivo de vender artesanías de América Latina.

1 Y ahora, manos a la obra.

Tenéis que crear una página de bienvenida que atraiga al internauta, consumidor potencial de vuestros productos, en la cual debe aparecer el nombre del sitio, un texto de bienvenida, el sumario, los enlaces de interés. Luego, una o varias páginas donde debéis presentar vuestros productos con todas las indicaciones comerciales debidas (precios, materiales, tallas, etc.) y un pequeño texto explicativo.

Redactad un plan de negocio.

¿Cuáles son las fuentes de financiación? ¿Cómo habéis pensado distribuirlos? ¿Cuál es el consumidor tipo? ¿Vais a hacer publicidad, dónde, cómo? ¿Cuáles son las perspectivas de este negocio?

2 Presentación.

Este trabajo lo vais a presentar a la clase y al profesor, quienes van a hacer el papel de posibles inversores o consumidores, y a los cuales habrá que convencer para poder llevarlo a cabo. ¡Suerte!

2

Ingresar en una empresa

CADA DÍ@ MÁS

a Hoy en dí@ hay que saber venderse

1 Lee las presentaciones de estos tres jóvenes.

Soy Carlos Ávila. Estudié informática. He formado parte del equipo que ha puesto en pie el portal de la empresa para la cual trabajo desde hace dos años. Según los últimos datos que nos han llegado, este portal ha tenido una muy buena acogida entre nuestros clientes, casi el 10% de ellos lo han visitado. Estoy buscando un nuevo empleo porque me gustaría utilizar mis conocimientos técnicos en un sector más creativo, por ejemplo, el de los videojuegos. Estoy dispuesto a instalarme fuera de mi ciudad.

Me llamo Julia Estévez, soy mexicana, tengo 23 años, estoy terminando mi carrera de Administración de Empresas. Durante mi periodo de estudios trabajé dos meses en un banco en Nueva York. Además del inglés, hablo francés y tengo conocimientos de portugués. Mi nivel de informática es bueno. Para mi primer empleo busco un puesto con responsabilidades. Soy una persona organizada y me gusta el contacto con los demás. Quisiera trabajar en RR. HH. Me encantan los deportes de equipo.

Me llamo Eduardo Gómez, nací en Sevilla pero vivo en Barcelona. Soy estudiante de turismo y estoy buscando unas prácticas laborales en un hotel en el extranjero. Para mí es importante conocer de cerca el mundo del trabajo, para estar mejor preparado al finalizar mis estudios. Hablo muy bien inglés. Me encantan los deportes náuticos, especialmente la vela, he participado en varias regatas. Quisiera poder conjugar mi futura actividad profesional con mi pasión con el mar.

2 Escribe los elementos principales del currículum de Julia, Carlos y Eduardo siguiendo este esquema.

1. Datos personales:
2. Estudios:
3. Experiencia profesional:
4. Lenguas:
5. Informática:
6. Aficiones:

3 ¿Cuál de estas tres presentaciones te parece más completa y/o convincente? Explícaselo a tus compañeros.

4 Ahora, presenta tu historial académico o profesional a la clase.

HISTORIAL ACADÉMICO

Me llamo _____

Estudio / He estudiado _____

Trabajo en / He trabajado en _____

Hablo inglés / francés _____

Mis conocimientos de informática son _____

En mi tiempo libre _____

Me gustaría / Quisiera _____

---

b Escogiendo una empresa

▶ 4 **1** Escucha las presentaciones de estas empresas. Relaciónalas con los logotipos que les corresponden y explica en qué consiste su actividad.

| 1 | 2 | 3 | 4 |

> A mí me gustaría trabajar en IBM porque me encantan las nuevas tecnologías. Además, pienso que en una gran empresa hay mayores posibilidades de evolución que en una pyme. Por otra parte, quisiera trabajar una temporada en el extranjero y eso en una pequeña empresa es muy difícil. A menudo las multinacionales pagan mejor, sin contar con que disponen de excelentes planes de formación.
>
> *María Fernández*

2 Inspirándote en lo que comenta María Fernández, di en cuál de estas empresas te gustaría trabajar.

3 ¿Estás o no de acuerdo con María Fernández? ¿Por qué?

4 En tu opinión, ¿cuáles son las ventajas y desventajas de trabajar en una pyme o una empresa multinacional?

ANALICEMOS Y PRACTIQUEMOS

a Hoy en dí@

1 Leed el diálogo.

JUAN:	Pienso que no estás vestido como deberías.
MARTÍN:	¡Qué dices! Así me siento bien. A mí siempre me han dicho que durante una entrevista hay que ser natural. Estoy cansado de ser uno más del montón.
JUAN:	Claro, pero debes saber adaptarte a las circunstancias. No me digas que para tu matrimonio vas a ir vestido así. Este traje es horrible, además la corbata no combina con nada, y esos zapatos marrones son un horror. Si es una mujer la que te entrevista, es en lo primero en que se va a fijar.
MARTÍN:	No seas machista.
JUAN:	Soy realista. Van a pensar que no eres riguroso.
MARTÍN:	Mi rigurosidad no tiene nada que ver con mi ropa. Solo deben leer mi currículum.
JUAN:	En el mundo de la empresa la imagen es muy importante.
MARTÍN:	Depende de la empresa. Hoy en día hay muchas empresas donde se va relajado.
JUAN:	Los viernes.
MARTÍN:	Todos los días.
JUAN:	Aspiras a ser ejecutivo de una consultoría internacional. Estamos de acuerdo.
MARTÍN:	Sí.
JUAN:	No te estás presentando como creativo de una empresa de publicidad.
MARTÍN:	En muchas firmas la moda ahora es lo natural.
JUAN:	No en todos los países es igual; en todo caso, en el nuestro hay códigos muy precisos. Es necesario que lo sepas.
MARTÍN:	Pero las mentalidades tienen que evolucionar.
JUAN:	Primero debes conseguir el trabajo, luego verás qué cambias y qué no.
MARTÍN:	Debo mentir, entonces.
JUAN:	Nadie ha dicho eso.
MARTÍN:	Cuando me pregunten cómo me gusta ir vestido, ¿qué debo decir?
JUAN:	La verdad.
MARTÍN:	Pero si he empezado mintiendo al vestirme como no soy.
JUAN:	Mira, de lo primero que tienes que hablar es de tu formación, tus capacidades, tu personalidad, tus gustos, en fin, tus cualidades.
MARTÍN:	¿Pero si es esa la pregunta?
JUAN:	Tienes que matizar tu respuesta.
MARTÍN:	No he sido formado para mentir.
JUAN:	Estás muy nervioso, no me entiendes. Si te preguntan por tus gustos en el vestir, no te muestres rígido, muéstrate abierto, y eso con todo. Piensa que vas a ser seleccionado por empresas que buscan ejecutivos de espíritu flexible.
MARTÍN:	No estoy seguro, si estás en un puesto de responsabilidad, en muchos momentos vas a tener que mostrarte inflexible.
JUAN:	Confundes flexibilidad y rigor. Que pienses que el traje anula la personalidad del que lo lleva, no significa que los que utilizamos traje no tengamos personalidad.
MARTÍN:	Sí, eso ya lo sé, pero quisiera imponer desde un principio mi personalidad.
JUAN:	Tú no llegas a casa de desconocidos a imponerles sus reglas. Primero te presentas, te muestras cortés, abierto, afable y luego si te llegan a estimar, les podrás mostrar otros aspectos de tu personalidad.
MARTÍN:	Bueno, ¿me acompañas a comprar un traje nuevo? ¿Estás satisfecho?

2 Explica lo que se dice en este diálogo con respecto a:

1. Imagen en el vestir
2. Entrevista de trabajo
3. Mentalidad empresarial
4. Rigor y flexibilidad

3 Indica si estás o no de acuerdo con estas afirmaciones.

	Sí	No
1. Me resulta inadmisible que la forma de vestir sea un criterio de contratación.	☐	☐
2. En el sector en el cual trabajo, o me gustaría trabajar, es importante la imagen.	☐	☐
3. Pienso que es fundamental dar una buena imagen en el momento de la entrevista.	☐	☐
4. Durante una entrevista de trabajo no se debe hablar de los propios defectos.	☐	☐
5. En una entrevista debo demostrar mis mejores cualidades.	☐	☐
6. Debemos imponer nuestra personalidad desde el primer contacto con la empresa.	☐	☐
7. Hay que ser muy diplomático durante la entrevista.	☐	☐
8. Trato de decir lo que ellos quieren escuchar.	☐	☐
9. Ser riguroso es ser inflexible.	☐	☐

4 Compara tus respuestas con las de tus compañeros y debatid sobre estos temas.

5 ¿Cómo presentarse en una entrevista? Lee estos consejos para hombres y mujeres.

Cara afeitada vs. barba: Si usted tiene barba o bigote, procure que estén ordenados y recortados uniformemente. Si por el contrario, usted no tiene barba o está recién queriendo que crezca, es mejor estar bien afeitado a lucir una barba rala o en proceso de crecimiento. Las «chivitas» o pequeñas concentraciones «artísticas» de pelo facial en la mayoría de los casos pueden ser contraproducentes, pues pueden reflejar que usted no es tan serio o formal como su currículo o vestimenta quieren demostrar.

Escotes y atuendos femeninos: La imagen que usted proyecte al vestir impresionará o no al entrevistador. Pero puede ser un arma de doble filo también. En el momento de escoger su traje, busque vestir sobria, sin ser demasiado llamativa, cuidando que el escote no sea demasiado pronunciado, pero a la vez que no parezca una monja. Debe tratar de encontrar un punto intermedio. Piense que quien la entreviste, también puede ser una mujer.

Tomado de *www.universidadperu.com*

6 ¿Qué opinas? Coméntalo con tus compañeros.

7 Conectando jóvenes y empresas. Introduce los verbos *ser* o *estar* conjugándolos en el tiempo que convenga.

¿Dónde encontrará a sus futuros empleados?

En Europa faltan trabajadores. La sociedad 1 _____ envejeciendo y el descenso de las tasas de natalidad provocarán la disminución de la población activa de la UE en un futuro prácticamente inmediato. Asimismo, puesto que cada vez 2 _____ más las empresas que precisan de empleados altamente cualificados, existe el riesgo de que los futuros trabajadores no tengan las competencias que requieren los empresarios.

La crisis económica y financiera que vive Europa en la actualidad no hace más que agravar esta situación. Los jóvenes 3 _____ los más afectados, puesto que suelen carecer de suficiente experiencia para poder 4 _____ competitivos en un mercado laboral en el que los empleos 5 _____ escasos. Las diferencias entre los conocimientos de los jóvenes y los que requieren los empresarios también 6 _____ influyendo en el desempleo juvenil.

La UE y los gobiernos nacionales 7 _____ trabajando para resolver estos problemas. No obstante, las medidas que adopten solo 8 _____ efectivas si se ponen en práctica. Usted 9 _____ empresario de una pyme: ¿ha pensado alguna vez en qué puede aportar un joven empleado a su empresa? Tal vez no posea experiencia laboral y no 10 _____ muy seguro de sí mismo, pero, puesto que acaba de finalizar su formación o sus estudios, sí que tendrá conocimientos actualizados sobre los últimos desarrollos y técnicas, incluidas nociones de las tecnologías de la información y la comunicación (TIC).

Los jóvenes 11 _____ entusiastas y muy enérgicos y, cuando 12 _____ en puestos de responsabilidad, tienen nuevas ideas. Además, lo que 13 _____ más importante, 14 _____ dispuestos a trabajar en otros países.

En definitiva, para garantizar el éxito de su empresa, 15 _____ realista y aproveche uno de los mayores activos de la UE: ¡nuestros jóvenes!

Adaptado de *Youth@Work*

Fíjate en los empleos de *ser* y de *estar* que aparecen en el diálogo:

Se usa **ser** para expresar:

la identidad	*he empezado mintiendo al vestirme como no* **soy**
la identificación de alguien o de algo	*si* **es** *una mujer la que te entrevista*
	si **es** *esa la pregunta*
la voz pasiva	*vas a* **ser** *seleccionado por empresas*
una cualidad objetiva	*este traje* **es** *horrible*
la impersonalidad	**es** *necesario que lo sepas*

Se usa **estar** para expresar:

la situación	*si* **estás** *en un puesto de responsabilidad*
un estado resultante de una acción anterior	*no* **estás** *vestido como deberías*
la forma continua	**estás** *postulando para ejecutivo*
una cualidad subjetiva	*no* **estoy** *seguro*

---

8 Ahora, ayudándote del texto cuando sea posible, di cuáles son los adjetivos que se utilizan preferentemente con *ser* o con *estar*. Da un ejemplo con cada uno.

natural	riguroso/a	rígido/a	satisfecho/a	preciso/a	igual
nuevo/a	realista	machista	cortés	formado/a	necesario/a
marrón	internacional	nervioso/a	abierto/a	vestido/a	afable
seguro/a	horrible	flexible	importante	cansado/a	relajado/a

9 ¡Menudo dilema! Completa el siguiente texto conjugando los verbos en pretérito indefinido.

¿Acepto más prácticas sin cobrar?

Tengo 21 años. (*Estudiar*) 1 _____ Gestión Comercial y Marketing en Formación Profesional y ahora estoy terminando la diplomatura en Empresariales. (*Trabajar*) 2 _____ durante año y medio en una compañía con un contrato temporal compatible con mis estudios, algo que me (*venir*) 3 _____ muy bien para conocer de cerca la realidad empresarial y tener mis propios ingresos. Luego, mediante uno de esos convenios que hay para que los universitarios hagan prácticas, (*estar*) 4 _____ tres meses en una gran empresa. (*Esforzarse*) 5 _____ tanto como (*poder*) 6 _____ y sé que (*causar*) 7 _____ buena impresión en mi jefe. (*Creer*) 8 _____ sinceramente que me iban a hacer un contrato fijo, pero cuando a los tres meses (*acabarse*) 9 _____ el convenio, me (*decir, ellos*) 10 _____ que no era posible formalizarlo porque no había pasado un periodo de prácticas en una de las tiendas de la empresa, requisito imprescindible del que no (*saber*) 11 _____ nada hasta entonces. Menudo chasco. Poco antes habían elogiado mi «dedicación, calidad de trabajo y esfuerzo», pero mi recompensa era la puerta de salida.

Pasados dos meses, un buen día (*llevarse*) 12 _____ la sorpresa de que esa misma empresa me (*llamar*) 13 _____ por teléfono para ofrecerme estar con ellos otros tres meses, supuestamente para cubrir una baja. Teóricamente es un honor, pero a la hora de la verdad resulta que no van a pagarme ni un mísero euro. La universidad no se opone a ello, pero no me va a contabilizar este periodo como un crédito más.

Si por parte de la empresa es una forma de aprovecharse de mí, la actitud de la universidad me parece una falta de respeto brutal. En principio, en mi facultad solo podemos hacer prácticas durante tres meses, lo que tiene su lógica. Es una manera de impedir que las empresas se aprovechen de nosotros como mano de obra gratis. Un tipo de contratos que los sindicatos miran con lupa para evitar que las empresas entren en un círculo vicioso utilizando los contratos en prácticas y destruyan o no creen puestos de trabajo fijos. Entonces, ¿por qué me autorizan a volver a la misma empresa, sin reconocerme la utilidad formativa de esas prácticas? ¿Por qué consienten el abuso por parte de la empresa? Al parecer, no consideran que me vayan a explotar porque (*haber*) 14 _____ una discontinuidad de dos meses.

No sé qué hacer. Claro que me interesa meter el pie en una empresa donde en principio me aprecian. Parece que el interés para que me reincorpore viene de mi anterior jefe, al que (*ascender, ellos*) 15 _____. Pero no tengo ninguna garantía de que acabado el nuevo periodo de prácticas me vayan a hacer un contrato fijo. Por otra parte, me considero una persona con cierta autonomía y este modo de proceder me parece humillante.

Tomado de *Actualidad Económica*

10 Fíjate en estas afirmaciones y di si son verdaderas o falsas.

	V	F
1. Se trata de un universitario que hace la carrera de Ciencias Económicas.	☐	☐
2. Nunca se le ocurrió que la empresa lo contrataría al final de su periodo de prácticas.	☐	☐
3. Su dedicación, calidad de trabajo y esfuerzo le valieron elogios.	☐	☐
4. Pasados dos meses, la empresa volvió a ofrecerle un empleo con una remuneración baja.	☐	☐
5. La discontinuidad entre los dos periodos de prácticas le sirve de excusa a la universidad.	☐	☐
6. Según los sindicatos, las prácticas pueden representar un peligro para el empleo.	☐	☐

11 Responde a estas preguntas y coméntalas con tus compañeros.

- ¿Por qué se siente ofendido el joven universitario?
- Desde el punto de vista de la formación, ¿qué ventajas tiene aceptar el puesto?
- En su lugar, ¿qué harías? ¿Por qué?
- ¿Qué te parece el hecho de que las universidades limiten las prácticas a tres meses?
- Y en tu país, ¿las empresas retribuyen las prácticas? Explícalo a la clase.

Las ofertas de empleo

A

ONE TELECOM. Primer distribuidor nacional de Orange España

Puesto: **ASESOR COMERCIAL ORANGE**
Empresa Sector: **Telecomunicaciones**
Ciudad: **Sevilla, Jerez**

Descripción oferta

ONE TELECOM está inmerso en un proceso de expansión nacional y busca personas con una sólida base comercial y ganas de crecer profesionalmente.

Se valorará **experiencia** en ventas o trato con el público. Preferible en el sector de la telefonía.

Perfil requerido: Marcada orientación comercial, inquietud empresarial, compromiso, persona emprendedora, entusiasta, dispuesta a asumir retos profesionales, con iniciativa, seguridad en sí misma, espíritu de trabajo en equipo y dispuesta a asumir la operativa que le trasmitamos.

Formación requerida: Formación académica comercial; buenos conocimientos en informática.

Funciones: Se hará cargo de
- asesorar, comercializar y distribuir los productos y servicios de telefonía móvil y fija de Orange.

- Plantear diferentes soluciones integrales ajustadas a las características particulares de los clientes.
- Desarrollar su labor comercial dentro de las provincias asignadas, bien Sevilla o Jerez.

Se ofrece

ONE TELECOM te invita a formar parte de un ambicioso proyecto de desarrollo, queremos que compartas nuestra filosofía de trabajo y estrategia comercial.

Disponemos de un plan de carrera que te ayudará a ser un empresario de éxito y crecer profesionalmente sin límites geográficos ni económicos.

Incorporación inmediata. Contrato autónomo. Jornada completa.

Retribución variable: puede oscilar entre una banda de 35 000 € a 55 000 €, el límite lo pones tú, dependiendo de comisiones, cartera de clientes, sistema de incentivos (ayuda a coche de empresa, viajes), posibilidad de teletrabajo. Formación de liderazgo y dirección de equipos.

Enviar currículum a:
BRAVO CONSULTANT NETWORK

B

RESPONSABLE INTERNACIONAL RECURSOS HUMANOS
SELECCIONA TALENTO EN EUROPA

Barcelona

Prestigiosa empresa del sector Retail/Gran Consumo quiere ampliar su equipo de recursos humanos con un responsable internacional.

- En dependencia de la Dirección y con amplia autonomía te responsabilizarás de una zona de Europa, encargándote del reclutamiento, selección, formación, desarrollo, análisis y supervisión de un volumen importante de centros/tiendas.
- Para este reto deberás aportar más de tres años de experiencia en una posición similar, así como un nivel avanzado de inglés y disponibilidad

para viajar, debido al carácter internacional de la posición.
- Formarás parte de un proyecto ambicioso que te ofrecerá un plan de carrera profesional en el largo plazo.

Retribución atractiva acorde con la experiencia aportada.

Contacta con Amelia Carranza por e-mail a amelia.carranza@hays.es, mencionando la referencia 1012928. En caso de alguna duda llama al 93 467 03 23.

C

TÉCNICO MARKETING DE PRODUCTO
(automoción/inglés) – Madrid

Funciones: Grupo empresarial Enterprise precisa incorporar en importante multinacional del sector de la automoción un Técnico de Marketing de producto para realizar las siguientes funciones:

- Revisión y corrección de catálogos y guías de producto.
- Colaboración en análisis de precio y producto.
- Colaboración en análisis de mercado y seguimiento de la competencia.
- Actualización de datos en sistemas y bases de datos internas.
- Atención a la red en consultas de producto.
- Soporte al área de producto en todo tipo de tareas administrativas.

Requisitos:
- Diplomado ADE/Marketing (H/M)
- Usuario avanzado del paquete Office
- Alto nivel de inglés
- Experiencia de 2-3 años en puesto similar dentro del departamento de Marketing
- Se valorarán conocimientos de otros idiomas

Se ofrece:
Tipo de contrato: de duración determinada – larga duración
Jornada laboral completa – Horario: lunes a jueves: 9:00 a 18:30, viernes: 9:00 a 15:00
Salario: competitivo

Contactar con Infoempleo.com mencionando la referencia 1462979

D

ANALISTA DE MODELIZACIÓN FINANCIERA AYUDA AL INCREMENTO DE INVERSIONES

Madrid

Importante compañía busca un consultor de negocio, con formación financiera y muy buena habilidad desarrollando modelos de valoración en Excel.

Para optar a la posición es imprescindible experiencia en modelización financiera, riesgos en entidades financieras o valoración de proyectos de inversión. El dominio del inglés (hablado y escrito) es un requisito clave.

Se valora muy positivamente tener buenos conocimientos estadísticos/matemáticos para desarrollar modelos complejos de análisis de riesgos y comportamiento de inversiones.

Oportunidad para un profesional que quiera hacer carrera en una compañía consolidada, líder en su sector y en fase de expansión.

Contacta con Henar Aranda por e-mail a henar.aranda@hays.es mencionando la referencia 1012185. En caso de alguna duda llama al 91 443 07 51

---

1 Indica la o las ofertas a las que se refieren las siguientes afirmaciones.

	A	B	C	D
1. Los candidatos deben tener una sólida formación en informática.	☐	☐	☐	☐
2. Es imprescindible tener disponibilidad para viajar.	☐	☐	☐	☐
3. El dominio del inglés forma parte de los requisitos.	☐	☐	☐	☐
4. Es deseable tener conocimientos de otros idiomas que el inglés.	☐	☐	☐	☐
5. La experiencia requerida tiene que ser superior a 3 años.	☐	☐	☐	☐
6. La incorporación en la empresa puede ser inmediata.	☐	☐	☐	☐
7. La empresa ofrece un plan de carrera profesional.	☐	☐	☐	☐
8. La oferta se limita a un contrato de larga duración determinada.	☐	☐	☐	☐
9. No se menciona la remuneración en la oferta.	☐	☐	☐	☐
10. Se estipula un sistema de incentivos en la retribución.	☐	☐	☐	☐

2 Entre estas ofertas elige la que más te interesaría justificando tu elección.

CREEMOS Y NEGOCIEMOS

a La selección de personal

1 Una empresa multinacional ha publicado un anuncio para contratar a un/a delegado/a de ventas. Lee su oferta de trabajo.

Ofiservice
Consultora de Recursos Humanos

Empresa Multinacional, líder en el sector de Suministros Integrales de Oficina, con un volumen de facturación superior a los 1000 mill. euros, busca por ampliación de su red comercial

DELEGADO/A VENTAS
Zona: Valladolid (Ref. DVVA.)

Informando a su Jefe de Ventas se responsabilizará del desarrollo de la Gestión Comercial en el área, promocionando y vendiendo sus líneas de producto con objeto de mantener y ampliar su cartera de clientes.

Buscamos un comercial que aporte conocimientos de informática a nivel usuario. Debe ser una persona trabajadora, perseverante, negociadora, con criterio y capacidad para racionalizar y optimizar su labor comercial.

La incorporación es inmediata, en puesto de trabajo estable, con contrato indefinido y remuneración aprox. de **30 000 € brutos al año** más gastos, km y dietas. Recibirá la **formación** y el apoyo necesario para la consecución de sus objetivos. Dedicación exclusiva. Coche propio.

Los interesados deben enviar detallado CV y carta de presentación, adjuntando fotografía reciente y haciendo constar en el sobre la referencia correspondiente, a:
OFISERVICE, a la Att. Srta. Marta Sánchez (Dpto. RR. HH.).
Ctra. De Alovera a Cavanillas, s/n. 19208 Alovera (Guadalajara).
Tel.: 949 27 05 51 o al e-mail: marta.sanchez@lyreco.com (contactaremos con los candidatos adecuados en 10 días aprox.)

---

2 Describe las funciones correspondientes, los requisitos de la empresa y su oferta.

▶5 **3** La señorita Marta Sánchez del departamento de Recursos Humanos ha entrevistado a dos candidatos interesados: Alicia García Prieto y Joaquín Domínguez Serrano. Escucha las entrevistas y haz un listado de las cualidades de cada uno.

4 En grupos o individualmente, comentad las dos candidaturas. Al final, votad por el candidato que, en vuestra opinión, tiene el perfil más adecuado para el puesto.

b El videocurrículum, una nueva forma de presentarse

1 ¿Qué es un videocurrículum? Lee este texto.

El videocurrículum muestra al candidato, en una grabación de más o menos dos minutos, como una persona activa y dinámica, ofreciendo un espacio en el que pueda verdaderamente demostrar su talento, y abriendo canales de comunicación –como el visual, auditivo– hasta ahora vetados en el currículum escrito y reservados a la entrevista de trabajo. El candidato expone su trayectoria personal-profesional relevante, puntos fuertes, habilidades y destrezas adquiridas. Además, durante el proceso de elaboración de su videocurrículum podrá incorporar elementos creativos, como muestras de sus trabajos o proyectos realizados (programas, fotografías, planos, imágenes, etc.).

Se trata de la herramienta para presentar competencias personales-profesionales más certera para el usuario: dotes verbales, dominio de idiomas e informática, conocimientos y experiencia. Todo ello añade la calidez y el factor humano ausentes en el currículum tradicional escrito. Hablamos por tanto de una herramienta innovadora y original para presentar una candidatura en las empresas o entrar en su proceso de reclutamiento y selección, destacando frente al resto de candidatos. Una herramienta que mejora la empleabilidad, al aumentar las posibilidades de encontrar empleo y al dar fe de que el candidato posee las cualidades que exige hoy en día la empresa: iniciativa, flexibilidad, creatividad, competencia, don de gentes e incluso, dependiendo del perfil, buena presencia.

Eres una persona proactiva, flexible, comprometida, con capacidad de adaptación, comunicativa, te apasiona tu trabajo y tienes definidos tus objetivos, date a conocer en un marco humano y profesional, sin perder el control de la privacidad de tus datos. Necesitamos ver y oír a las personas que nos acompañarán en nuestro trabajo o tienen algo que ofrecernos. La efectividad del videocurrículum, o vídeo presentación, se basa en saber transmitir correctamente la dimensión profesional que todos nosotros tenemos, con una herramienta accesible para todo el mundo. Hacer tu videocurrículum amplía las posibilidades laborales: Acercándote con un instrumento digital que trabaja en internet las 24 horas del día, todos los días del año, a una empresa o a tus potenciales clientes, directa, humana y profesionalmente. Rompe las barreras del espacio y del tiempo.

Antes, durante y después de la elaboración de tu videocurrículum, serás el protagonista de un ejercicio de comunicación y reflexión para el trabajo en una sociedad global e informatizada.

Adaptado de www.videocurriculum.es

2 Busca en YouTube.com o en tumeves.com los mejores videocurrículums.
Escoge uno y preséntalo a tus compañeros.

3 Después de visualizar los videocurrículums, elegid el mejor, justificando por escrito vuestra elección.

4 Realiza tu propio videocurrículum y preséntalo a tus compañeros.

C Candidatura para trabajar en una multilatina

CADA DÍ@ MÁS GRANDES

Muchos jóvenes, recién graduados de las escuelas de administración de empresas de Europa, de Asia o Norte América, buscan una primera experiencia laboral en el extranjero. ¿Por qué no una empresa en América Latina? Acudan a los portales de estas tres multilatinas: América Móvil (mexicana), Cencosud (chilena), Grupo Nutresa (colombiana).

ALUMNO/A O GRUPO 1

> **América Móvil**
> Un excelente conocimiento de la región... Una sólida estructura de capital... Eficiencia que se sustenta en nuestra vasta experiencia operacional... Esto nos ha permitido consolidar nuestra posición como la empresa líder en el sector de telecomunicaciones móviles de América Latina y la cuarta más grande del mundo en términos de suscriptores proporcionales. América Móvil opera bajo la marca Claro en 15 países.

1 Visita el sitio internet de Claro Argentina.

Acude a la dirección www.claro.ar
En la barra superior pulsa en «recursos humanos».
Lee las seis rúbricas: Claro es más que un trabajo, Oportunidades de Desarrollo, Capacitación, Cultura, Oportunidades Laborales, Perfil de Áreas.

2 Como Director/a de RR. HH., realiza una presentación de Claro Argentina, con el objetivo de informar a los futuros candidatos sobre las posibilidades que tienen de aspirar a un cargo en tu empresa.

3 Responde a las preguntas de los candidatos.

ALUMNO/A O GRUPO 2

> **Cencosud** es uno de los más grandes y prestigiosos conglomerados de *retail* en América Latina. Cuenta con operaciones activas en Argentina, Brasil, Chile, Perú y Colombia, donde desarrolla una exitosa estrategia multiformato que hoy da trabajo a más de cien mil personas.

1 Visita el sitio internet de Cencosud.

Acude a la dirección www.cencosud.cl
En la barra superior pulsa en «Nuestra gente». Lee las dos rúbricas, Recursos Humanos y Trabaja con nosotros.

2 Como director/a de RR. HH., presenta Cencosud a los candidatos con el objetivo de informarles sobre las posibilidades que tienen de aspirar a un cargo en la empresa en uno de los países donde opera.

3 Responde a las preguntas de los candidatos.

> **Grupo Nutresa S. A.** es una sociedad colombiana especializada en inversiones en empresas de alimentos en la Región Andina, Centroamérica, Estados Unidos y el Caribe. Participa en seis negocios bajo los cuales se agrupan más de 41 empresas: Cárnico, Galletas, Chocolates, Café, Helados y Pastas. Su operación comercial está respaldada por redes de distribución propias en Colombia y en el exterior.

Comercial
nutresa

1 Visita el sitio internet de Grupo Nutresa.

Acude a la dirección www.nutresa.com
En la barra superior pulsa en «Trabaja con nosotros». Lee las rúbricas: ¿Quiénes somos?, Misión, Visión, Filosofía corporativa.

2 Como director/a de RR. HH., presenta Grupo Nutresa a los candidatos con el objetivo de informarles sobre las posibilidades que tienen de aspirar a un cargo en una de las empresas que lo forman.

3 Responde a las preguntas de los candidatos.

d A la hora de la selección

Vamos a seleccionar personal para Claro Argentina, Cencosud y Grupo Nutresa. Los alumnos que presentaron las empresas van a conformar el grupo de los «cazatalentos». El resto de la clase serán los «candidatos».

1 Redacción.

Los cazatalentos redactan diversos anuncios teniendo en cuenta:
a. Las características de cada empresa y sus necesidades específicas de personal.
b. Las características particulares y las expectativas profesionales de la clase.

2 Lectura y preparación.

Los candidatos leen las ofertas de empleo y envían currículum y carta de presentación al grupo encargado de la selección (puede haber uno o varios candidatos para el mismo empleo).

3 Análisis de las solicitudes.

Los cazatalentos leen y analizan el material enviado y planifican entrevistas individuales o en grupos dependiendo del número de candidatos por anuncio.

4 Entrevistas y selección.

- Los candidatos, solos o en grupo, pasan las entrevistas de trabajo.
- Los encargados de la selección se reúnen para escoger al candidato ideal para el puesto.
- Explican a la clase su elección.

5 Evaluación.

- La clase realiza una síntesis de los puntos que le han parecido más importantes durante el proceso de selección.
- Se hace un balance de los puntos fuertes y de los puntos débiles de cada candidato tanto a nivel lingüístico como profesional.

Recursos humanos

CADA DÍ@ MÁS

a En aquellos dí@s, la industria del petróleo en México

▸6 🎧 1 Escucha la grabación y resume, gracias a las fechas, los hitos de la historia petrolera de México.

1900 _____

1901 _____

1902 _____

1906 _____

1908 _____

1916 _____

1935 _____

1937 _____

1938 _____

2 El recorrido de una nacionalización. Pon en orden esta cronología.

a) Después de esta primera huelga, hubo una serie de conflictos laborales, muchas veces reprimidos violentamente por el ejército.

b) Ante el incumplimiento del Laudo emitido por la Junta de Conciliación y Arbitraje, el 18 de marzo de 1938, el Presidente Lázaro Cárdenas del Río decretó la expropiación de la industria petrolera.

c) La primera huelga fue realizada por los trabajadores de la refinería «El Águila» en 1915 y duró tres días, iniciándose así el sindicalismo petrolero en el país.

d) Debido a este rechazo, estalló una huelga en contra de las compañías extranjeras que duró doce días, lo que produjo la intervención conciliatoria del gobierno del presidente Cárdenas ante la gravedad de la paralización en la vida económica del país.

e) Al principio, los trabajadores buscaron hacer valer sus derechos laborales, en tanto que los propietarios de las compañías petroleras intentaban por todos los medios mantener sus ganancias.

f) Una década después de haber sido reconocido el sindicato, se redactó el llamado «Contrato Colectivo de Aplicación General», que fue rechazado por los patrones.

g) Después de la intervención del gobierno, los trabajadores reanudaron sus actividades y la Junta de Conciliación y Arbitraje emitió un Laudo a su favor en el juicio laboral que habían entablado en contra de las compañías extranjeras.

h) Posteriormente, en 1924, se levantó una huelga contra la empresa petrolera «El Águila», en la cual los trabajadores resultaron triunfantes al lograr que las empresas reconociesen al sindicato y se concertase la firma de un contrato colectivo de trabajo, uno de los primeros del país.

Adaptado del sitio internet de Pemex

Lázaro Cárdenas del Río
Presidente de México (1934-1940)

3 ¿Crees que el papel de los sindicatos ha cambiado desde entonces? ¿Por qué?

4 Escoge las funciones que te parecen más adecuadas para un sindicato y explícalas a tus compañeros.

- Defender los salarios de los trabajadores.
- Organizar viajes baratos para los miembros de la entidad.
- Garantizar la democracia en un país.
- Politizar a los trabajadores.
- Crear un ambiente de incertidumbre en las empresas.
- Representar a la sociedad civil dentro de las compañías.
- Negociar mejores condiciones de trabajo.
- Defender al trabajador contra los atropellos del patrón.

5 ¿Qué papel desempeñan o han desempeñado los sindicatos en tu país?

▶ 7 **6** Escucha estas opiniones y contesta las siguientes preguntas.

- En tu país, ¿el Estado controla algún área de la actividad económica? ¿Cuál? Cuéntaselo a tus compañeros.
- ¿Deben los Estados tener un control sobre ciertos sectores estratégicos, por ejemplo, el energético, el de los armamentos, el del transporte público u otros? Debate con tus compañeros a partir de tus puntos de vista.

a Hoy en dí@

1 Leed este diálogo.

JORDI: La gente definitivamente trabaja mejor bajo presión, y pienso que esa presión debe ser visible incluso en la distribución y la decoración de los despachos. De todas maneras, al trabajo no se viene a descansar.

JULIÁN: Se viene a producir, y la gente estresada no produce como podría.

JORDI: No se deben confundir presión y estrés, los retos de la empresa se ganan con esfuerzo. Hasta ahora no se ha visto un éxito empresarial que no haya ido acompañado de dolor.

JULIÁN: Yo más bien diría: de voluntad, de ilusión, de creatividad, de un perfecto equilibrio entre el saber hacer y el esfuerzo.

JORDI: Pero hay que decir que todo eso cuesta.

JULIÁN: Me niego a ver al emprendedor como a un sacrificado, me niego a ver a los empleados como a personas que no disfrutan de su trabajo. Se consiguen resultados con gusto.

JORDI: Estoy de acuerdo, pero el gusto llega al final, después de haber superado todas las dificultades. Entre el inicio de un proyecto y su consecución no todo es alegría.

JULIÁN: No digo lo contrario, digo simplemente que en la plantilla una falsa presión causa efecto opuesto.

JORDI: ¿Es decir?

JULIÁN: La gente deja de concentrarse en lo esencial y su energía empieza a dirigirse a lo superfluo. Si el color de las paredes, si la ventilación, si diez o quince minutos de pausa... No creas, en los pasillos dicen de todo.

JORDI: Tú sabes que los empleados siempre le encuentran peros a su empresa. Es parte de la naturaleza humana no estar satisfecho. En una gran empresa siempre están los descontentos, los desilusionados, los quejumbrosos.

JULIÁN: Lo que debemos saber es por qué esas personas están descontentas, desilusionadas, y por qué se pasan el día quejándose en lugar de trabajar como quisiéramos.

JORDI: Si los controlamos de cerca les daremos menos posibilidades de distracción.

JULIÁN: Al contrario, al darles nuestra confianza vamos a lograr que se integren mejor en el proyecto global de la empresa. Hacerles sentir que son parte del conjunto, que les escuchamos teniendo en cuenta sus opiniones.

JORDI: Pero somos nosotros los responsables finales, somos nosotros los que cargaremos con los fracasos.

JULIÁN: No es verdad. Cuando una empresa quiebra, sus líderes fracasan, pero también la plantilla perdiendo su empleo, o siendo desplazada a otras labores, o con bajadas de salario. La empresa es responsabilidad de todos.

JORDI: En eso creo estar de acuerdo contigo, pero no en el manejo de su personal. Los empleados necesitan tener referentes fuertes, líderes de carácter, una estructura directiva que sepa imponer los valores de la empresa...

2 ¿Quién lo dice, Jordi o Julián?

	Jordi	Julián
1. La vida empresarial es un sacrificio.	☐	☐
2. El estrés afecta a la productividad de los empleados.	☐	☐
3. Con presión se logra alcanzar las metas buscadas.	☐	☐
4. El emprendedor es una persona que disfruta de su trabajo.	☐	☐
5. No hay que permitir que la plantilla se fije en detalles sin importancia.	☐	☐
6. Hay que vigilar a los empleados.	☐	☐
7. Los empleados siempre critican la empresa en la que trabajan.	☐	☐
8. A los empleados hay que darles responsabilidades.	☐	☐
9. Los directivos son los principales responsables de los fracasos.	☐	☐
10. La plantilla es tan responsable de los resultados como sus directivos.	☐	☐

3 ¿Qué puesto crees que tienen Jordi y Julián en la empresa?

4 Escoge las soluciones que te parecen más adecuadas para lograr mayor implicación de la plantilla en la empresa.

- Un buen ambiente de trabajo. ☐
- Un director que se hace respetar en todo momento. ☐
- Una jerarquización vertical de las estructuras internas. ☐
- Una toma de decisiones mancomunadas. ☐
- Una toma de decisiones siempre a nivel de la dirección. ☐
- Una responsabilización de todos los miembros de la entidad. ☐
- Una distribución eficaz de los valores individuales. ☐
- Una búsqueda constante de la optimización de las cualidades individuales. ☐
- Una definición de los puestos acorde con las necesidades de la empresa. ☐
- Una optimización de los conocimientos técnicos de los empleados. ☐
- Una obediencia ciega a los requerimientos de la dirección. ☐

5 Explica por qué te parecen importantes y compara tus puntos de vista con tus compañeros.

6 Antagónicos. Pon en relación las dos columnas.

1. La gente estresada no produce como podría.	a. Son los dueños de la empresa sus verdaderos responsables.
2. Me niego a ver al emprendedor como a un sacrificado.	b. En las firmas se debe mirar el lado positivo de los empleados.
3. Cuando una empresa quiebra, sus líderes fracasan.	c. Los fracasos de la empresa afectan a todos sus miembros.
4. La empresa es responsabilidad de todos.	d. Cuando los empleados están tranquilos producen mejor.
5. Les escuchamos tomando en cuenta sus opiniones.	e. El emprendedor deja todo de lado para dedicarse a su empresa.
6. En una gran empresa siempre hay descontentos.	f. Los puntos de vista de los empleados no son interesantes.

1 Un genio imprescindible pero insoportable. Completa el texto conjugando los verbos del recuadro en pretérito perfecto.

intentar • considerar • soportar • querer • conseguir • poder • acabar • trabajar • plantear • ser

Es un genio, pero tiene un carácter absolutamente insoportable. No hay quien lo aguante, y sin embargo hasta ahora nosotros no 1 _____ ponerle de patitas en la calle, que es lo que tal vez habría que hacer.

Se cree imprescindible, y hasta ahora nosotros también le 2 _____ esencial para mantener y desarrollar el negocio. Pero esto empieza a pasar de castaño oscuro.

En el fondo puede que no sea una mala persona pero su actitud llega a extremos ridículos. No se le puede discutir ni la opinión sobre el buen o mal tiempo que hace. Lo suyo es siempre lo más importante y lo más urgente: no parece darse cuenta de que para que la empresa funcione correctamente hay que coordinar un montón de cosas y con frecuencia las prioridades no las marcamos nosotros, sino el cliente e, incluso, el proveedor. Claro que yo 3 _____ explicárselo de mil maneras diferentes: no hay manera de que se corrija. Cuando, a solas, se lo 4 _____ con crudeza, lo máximo que 5 _____ es que diga que «no volverá a pasar». Pero las buenas intenciones le duran pocos días.

Lo malo es que en lo suyo es un genio. Somos una empresa que diseña y fabrica equipos para automatización industrial de un sector determinado, para entendernos un tipo de robot. Y de esto sabe un rato: comprende las necesidades de los clientes, se adelanta con soluciones innovadoras y tiene imaginación. Como el sector es muy específico, y los competidores somos habas contadas, no sería fácil encontrar a alguien que le sustituyera. Pero, por su carácter y su modo de trabajar, 6 _____ incapaz de mantener a alguien que aprenda a su lado. Aparte de que se guarde sus secretos –lo que hasta cierto punto es comprensible– y de que la genialidad es intransferible, los colaboradores que 7 _____ con él le 8 _____ poco tiempo: si nosotros no 9 _____ cambiarles de departamento, ellos 10 _____ buscándose otra empresa.

Mucha gente está que trina. Yo ya estoy convencido de que no tiene remedio. Pero, ¿podemos permitirnos prescindir de un día para otro de la gallina de los huevos de oro?

Tomado de *Actualidad Económica*

Los tiempos que se utilizan para expresar el pasado:

*Una vez que **hemos fijado** los objetivos, debemos enfocarnos en el logro de los mismos.*
Pretérito perfecto: expresa acciones acabadas, realizadas en un pasado asociado al presente.

*La empresa **se creó** en 1959, pero **tuvieron** que cerrarla hace dos años.*
Pretérito indefinido: expresa acciones concluidas en un pasado que no está relacionado con el presente.

*Yo **quería** ser empresaria –cuenta Mariana– y **sabía** que para logarlo **debía** trabajar mucho.*
Pretérito imperfecto: es un pasado con un valor durativo que expresa acciones y estados realizados en el pasado, pero no concluidos.

*Trabajé como programador en una filial de IBM y antes **había trabajado** en Hewlett Packard.*
Pretérito pluscuamperfecto: indica una acción pasada, concluida en un momento dado del pasado anterior a otro más próximo.

2 Comenta con tus compañeros las siguientes medidas:

- Arriesgarse a prescindir de un activo tan valioso.
- Proponerle un programa de *coaching* con un consultor especializado.
- Rehacer la estructura de la empresa para que trabaje lo máximo posible en solitario.

3 Se te ocurren otras, ¿cuáles?

4 ¿Ha llegado el momento? Completa el siguiente texto conjugando los verbos entre paréntesis en un tiempo del pasado: pretérito imperfecto – pluscuamperfecto – indefinido – perfecto.

No sé si me equivoqué al aceptar el ascenso

Cada día que pasa tengo más dudas. Cuando mi jefe me (proponer) 1 _____ el ascenso, (llevar) 2 _____ tres años trabajando en el departamento de sistemas de la empresa. Mi función (ser) 3 _____ programar nuevas aplicaciones.

Mi jefe (estar) 4 _____ encantado de mí porque además de desempeñar bien mi trabajo (ayudar) 5 _____ a mis compañeros. Ya entonces (echar) 6 _____ más horas que las agujas de un reloj, pero no me (importar) 7 _____: (deber) 8 _____ de ser de las pocas personas que trabajan exactamente en lo que les gusta y para lo que están capacitadas.

De repente mi jefe (venir) 9 _____ un día y me (decir) 10 _____ que desde ese momento (pasar) 11 _____ a ser supervisor del grupo de programadores porque el anterior (marcharse) 12 _____ de la empresa. Es decir, (deber) 13 _____ coordinar a mis compañeros, supervisar sus actividades y proponer objetivos. En aquel momento me (hacer) 14 _____ una ilusión loca. Además del aumento de sueldo, a partir de ahora (tener) 15 _____ un puesto de responsabilidad en una empresa que, sin ser gigante, puede considerarse grande. No me (explicar) 16 _____ nada más mi jefe: «(me-

recerse) 17 _____ el ascenso, así que felicidades y buena suerte», (concluir) 18 _____. Al principio (pensar) 19 _____ que (poder) 20 _____ seguir trabajando como programadora y que la coordinación no (ir) 21 _____ a ocuparme todo el día. ¡Qué equivocada (estar) 22 _____! Entre reuniones, consultas de colegas y llamadas telefónicas, no hay quien pare. Eso ya (ocurrir) 23 _____ antes, pero resulta que ahora la responsable soy yo.

Empiezo a estar agobiada… Solo disfruto los ratos que me encierro a hacer lo que de verdad me gusta –programar– pero las interrupciones son continuas. Últimamente, varias veces (retrasarse) 24 _____ en lo que (tener) 25 _____ que entregar. Además, mis compañeros están enfadados y empiezan a decir que (empeorar) 26 _____ mi carácter. Es verdad que (perder) 27 _____ la confianza que (tener) 28 _____ en mí y en mi jefe porque me (dar) 29 _____ el ascenso sin explicarme en que (consistir) 30 _____ realmente mi nuevo cargo. En ocasiones me entran ganas de dimitir y volver a mi posición anterior.

Adaptado de *Actualidad Económica*

▶ 8 🎧 **5** Escucha las afirmaciones grabadas y di si son verdaderas o falsas.

Verdadero: _____

Falso: _____

6 ¿Tú qué harías? Comenta con tus compañeros estos consejos.

- No dar marcha atrás y adaptarse para asumir su decisión.
- Solicitar más ayuda del superior que dio el ascenso.
- Pensar que en este primer tropiezo tiene más culpa el jefe.
- Esperar hasta que los problemas se resuelvan solos.
- Volver a hacer lo que a uno/una le gusta.

Trabajo y/o familia

1 Lee estos dos textos.

Repartir las tareas

A las 06:15 de la mañana suena el despertador. Leonor Pablos, directora de Recursos Humanos de Bull España, tiene una hora escasa para leer el periódico y tomar café con su marido. Después de media hora de trayecto en coche, llega a la oficina a las 07:45. Son los primeros instantes de trabajo de una mujer de 35 años, licenciada en Derecho y madre de dos niños, cuya jornada transcurre cargada de reuniones, comidas de negocios y largas tardes de trabajo que llegan hasta las ocho. Es entonces cuando comienzan sus obligaciones como madre. Afortunadamente para ella, las tareas familiares se reparten, porque mientras su marido prepara el baño, ella se encierra en la cocina, descongela el menú para ese día y cenan todos juntos. Luego toca poner lavadoras, planchar la ropa del día siguiente, revisar el correo y dedicarle a su marido un rato de conversación. Es el único momento del día que tiene para desconectar del trabajo durante la semana y disfrutar de su familia porque unas horas después, a las 11:30 de la noche, se acuesta y vuelta a empezar.

Maternidad para ellos

Rendimiento y flexibilidad demostró Ana Lorenzo, directora de Marketing de Sanitas, quien tuvo a su hija pequeña cuando trabajaba como directora de la división de Consumo en Telefónica Móviles. Tenía 35 años y su trabajo obligó a su marido, Miguel Ángel Sánchez de Mora, director de seguridad de Ciemat, a disfrutar de una baja por paternidad de tres meses. Desde siempre han formado un equipo con las ideas muy claras. Se casaron hace dieciocho años y ninguno de los dos ha estado dispuesto a renunciar a una vida familiar satisfactoria en pro de su desarrollo profesional. Cada mañana desayunan juntos fuera de casa mientras sus tres hijos se preparan para ir caminando al colegio. Desde hace unos años, cuentan con la ayuda de una persona de confianza encargada de preparar comidas, organizar la casa y ayudar en los deberes del colegio. Ana Lorenzo cree que para poder trabajar diez horas diarias y viajar una vez a la semana es necesario tener toda una estructura bien montada.

Tomado de *Actualidad Económica*

---

2 Identifica los puntos comunes entre las dos parejas.

3 ¿En qué difiere hoy día su modo de vivir?

4 ¿Cuál de las dos opciones te parece más conveniente? Di por qué y coméntalo con tus compañeros de clase.

5 Debate: ¿cuál o cuáles de estas sugerencias te parecen más acertadas para sacar ventajas en tu trabajo?

- Pacte con la empresa, si su profesión se lo permite, la posibilidad de montar la oficina en casa.
- Negocie flexibilidad de horario y lugar de trabajo.
- Pida apoyo financiero para contratar un/a canguro en horario laboral.
- Solicite información sobre guarderías cerca de la oficina.
- Reclame una excedencia para atender a hijos o familiares enfermos siempre que lo necesite.
- Solicite un mentor que le ayude a planificar su trabajo y a gestionar su tiempo.

6 Lee ahora los dos textos siguientes.

Ejecutivo de oro

Francisco Reina, director de **Helena Rubinstein, Grupo L'Oreal**, representa un estilo de vida muy diferente. Trabaja sin parar y, al menos dos veces por semana, coge un avión para reunirse con su equipo en París. Sin embargo, cree que el hecho de levantarse a las 06:00 y acostarse a las doce de la noche merece la pena. Vive su mejor etapa profesional y por ello ha decidido, de momento, no asumir responsabilidades familiares. A sus 35 años, este catalán licenciado en Económicas, se trasladó a Madrid para hacer carrera profesional en la capital.

Dueño de su tiempo

Trabajar ocho meses al año y descansar otros cuatro fueron las condiciones que puso Steve Hunter, soltero de 30 años de edad, para ser contratado en la consultora **Watson Wyatt**. A Hunter no le importa tener un sueldo un 30% inferior al que tendría si trabajara a jornada completa con tal de disfrutar del tiempo necesario para recorrer cada año una parte del mundo. Con estas condiciones, el consultor se siente más vinculado a la empresa y esta, por su parte, retiene su talento, que considera valioso.

Tomado de *Actualidad Económica*

7 ¿Qué tienen en común Francisco Reina y Steve Hunter? ¿Cuál es la prioridad de cada uno?

8 ¿Cuál es tu prioridad personal? Explica tus motivos y coméntalos con tus compañeros.

d La política salarial

9 **1** ¡Nadie paga mejor que yo! Escucha la grabación y completa el recuadro.

Empresa	_____ medidas de política salarial _____
Tecatel Sector: Telecomunicaciones	
Northegate Arinso Sector: Consultoría	

2 Según estos ejemplos, ¿cuál es la mejor manera de motivar al empleado?

3 Si fueras director/a de Recursos Humanos, ¿cuáles serían tus principales objetivos? Justifica tu respuesta y compárala con las de tus compañeros.

CREEMOS Y NEGOCIEMOS

a Las nuevas generaciones

1 Leed este texto.

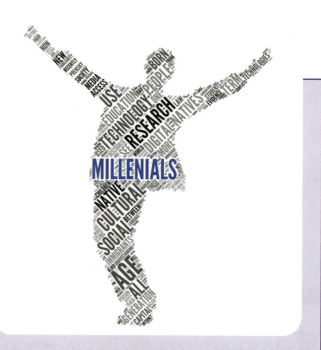

Generación Z: los empleados del futuro

Muchos han escrito de los llamados *millenials*, la «Generación Y» que actualmente está revolucionando la forma en que operan las empresas, sus procesos y la interacción de sus empleados entre sí, con clientes y con proveedores.

Si estos jóvenes ya están generando un torbellino en los departamentos de Recursos Humanos, la siguiente generación, llamada «Generación Z», será un huracán.

Se trata de niños y jóvenes que aún no cumplen los 18 años de edad. No conciben los días sin internet y redes sociales, muchos todavía cursan la primaria y ya tienen un celular (hay que especificar: un *smartphone*); además, no se inhiben ante mensajes espontáneos del sistema operativo de la computadora de casa –o su propia *netbook* o *tablet*– y son hábiles para buscar información en la red. Nacieron en un mundo muy distinto de aquel en el que crecieron sus padres, lo cual marcará la forma en la que estos nuevos líderes afrontarán su actividad laboral y su vida misma.

Al basarse en una filosofía que dará el mismo valor al empleo que a la familia, el tiempo libre y los proyectos personales, será más común el formato de trabajo independiente, siendo profesionales que servirán a más de una organización, con lo que pueden organizar su tiempo de una forma diferente a cuando se es empleado de tiempo completo.

Será, pues, un grupo multifacético. Para esta generación, el trabajo será una de sus múltiples actividades; no la única y probablemente tampoco la principal. Por ello, las empresas deberán encontrar una nueva forma de acercarse a esta generación mediante un trato atractivo con la posibilidad de lograr no solo su entrada en la empresa, sino su permanencia.

Nuevas prioridades y carencias

Dado que se ha definido «Generación Z» la de los nacidos entre 1994 y 2004, se espera que los cambios en la dinámica empresarial comenzarán a presentarse a partir del año 2020. Y todo indica que serán cambios drásticos, no solo en la cultura laboral, sino también en la ética y los valores de la humanidad.

De inicio, su lema es bastante sugerente: «Trabajar para vivir, y no vivir para trabajar», de acuerdo con Julio Carreto, catedrático de la Universidad Jannette Klein. Y, mejor aún, lo llevarán a la práctica, modificando la tendencia en la fuerza de trabajo. ¿De dónde surge esta premisa? En su blog, Carreto explica que se trata de niños que, en su mayoría, han visto a sus padres tener serias dificultades para conseguir trabajo, debido a la larga crisis de desempleo que se ha presentado por años en diversas latitudes, o bien ser despedidos tras muchos años de servicio, porque las condiciones económicas de la organización en la que laboran no son muy favorables.

Por eso, uno de los elementos inherentes a esta generación será la falta de confianza en las empresas. Será, pues, una generación más precavida, que prefiera contar con varios proyectos de trabajo en vez de uno solo, lo que obligará a los empleadores a buscar nuevas formas de ganarse la confianza de los jóvenes Z.

Tomado de *www.informationweek.com.mx*

2 ¿Qué elementos caracterizan a la «Generación Z»?

3 ¿Cómo se comportarán en el trabajo?

4 ¿Qué enseñanzas saca la «Generación Z» de la experiencia laboral de sus padres?

5 ¿Qué significa para ti «trabajar para vivir, y no vivir para trabajar»?

6 ¿Te identificas con la «Generación Z»? ¿Por qué?

7 Una reunión para resolver problemas generacionales en tu empresa.

En tu empresa conviven generaciones muy diferentes en su forma de pensar. Estas diferencias en la concepción del mundo, del futuro, y por lo tanto del trabajo, provocan una gran turbulencia dentro de la empresa, en los equipos de trabajo, entre jefes y colaboradores. La raíz de los problemas generacionales es la misma que en los problemas interculturales: lo diferente es percibido como erróneo. Frecuentemente se escuchan juicios de valor negativos por parte de las generaciones más maduras respecto de quienes están entrando al mundo

del trabajo y viceversa, lo cual provoca choques diarios, conflictos y problemas de retención de la información. Este panorama se complica aún más cuando miramos la pirámide organizativa desde el punto de vista generacional: en la base, las generaciones más jóvenes, y en el *management* y dirección, las generaciones más maduras. La dirección de las empresas enfrenta muchas veces la nueva realidad con una mentalidad que no se ajusta a las expectativas de las nuevas generaciones y que está basada en la propia concepción del mundo y del trabajo. A esto se suma que las políticas y prácticas con que tu empresa gestiona sus Recursos Humanos tienen la misma fuente, por lo tanto chocan también con la mentalidad de las nuevas generaciones, que han ingresado en la empresa y presionan para modificar su cultura.

El director general ha reunido a algunos miembros de la generación de los *baby boomers*, de la generación X y de la generación Y que cohabitan en tu empresa, para que aporten soluciones para un mejor ambiente en la empresa.

▶ 10 **1.** **Los miembros de la generación *baby boomers* escuchan la grabación y preparan una síntesis de las características de su generación y de los valores que defienden en el trabajo. Imaginan soluciones para mejorar la comunicación con los más jóvenes en la empresa.**

▶ 11 **2.** **Los miembros de la generación X escuchan la grabación y preparan una síntesis de las características de su generación y de los valores que defienden en el trabajo. Imaginan soluciones para mejorar la comunicación con los *baby boomers* y la generación Y.**

▶ 12 **3.** **Los miembros de la generación Y escuchan la grabación y preparan una síntesis de las características de su generación y de los valores que defienden en el trabajo. Imaginan soluciones para mejorar la comunicación con los *baby boomers* y la generación X.**

b Deslocalización, ¿mala o buena?

1 Lee este texto.

Cuando uno piensa sobre la deslocalización es muy difícil dar una opinión que no genere reacciones apasionadas desde alguno de los afectados. ¿Es buena? ¿Es mala? La respuesta parece que depende de quién es el afectado. De lo que no parece haber duda es de que la deslocalización es una tendencia irreversible de la globalización, y tiene un gran impacto para la sociedad, el empleo, las empresas y los Gobiernos. Podemos definirla como el proceso de relocalizar algunos –o todos– los procesos de negocio de una empresa de un país a otro, principalmente para reducir costes. Es importante destacar, sin embargo, que otras variables como destrezas del recurso humano y garantía de calidad se analizan también antes de relocalizar.

Hay empresas de banca, telecomunicaciones y seguros que están deslocalizando sus procesos de procesamiento de nóminas, entrada de datos, procesamiento de aplicaciones de créditos y *call centers*. Esto ha sido posible gracias a la caída de los costes de las telecomunicaciones y la posibilidad de transformar actividades basadas en documentos físicos –papel– a actividades digitalizadas que se pueden realizar en cualquier lugar del mundo. La India y Filipinas son algunos de los destinos preferidos por empresas anglosajonas.

El potencial de los países en vías de desarrollo para convertirse en las fábricas del mundo es inmenso. No solo hablamos de mano de obra barata, sino que también podemos contar con ellos para trabajos que requieren destrezas técnicas. Wipro e Infosys en la India son dos grandes multinacionales de tecnología y procesos de negocio que están asumiendo un alto porcentaje del trabajo técnico deslocalizado desde EE. UU. Mientras un programador de *software* en EE. UU. cuesta 60 dólares/hora, en la India cuesta seis. La producción de ingenieros es impresionante. China produce 450 000 ingenieros por año. Se espera que estos países puedan convertirse en grandes centros de diseño y desarrollo en áreas como electrónica, aeroespacial o consultoría técnica.

Los ciudadanos de los países desarrollados ven el fenómeno de la deslocalización como algo muy negativo y perturbador de la seguridad laboral. Sin embargo, en teoría, la deslocalización crea valor a las economías más desarrolladas -como España- al crear valor a las compañías de esos países y liberar recursos para actividades con mayor valor añadido. El reto es mover a las personas desplazadas de sus puestos de trabajo a nuevos empleos de mayor agregación de valor.

Sin embargo, se observa que ni empresas ni Gobiernos toman medidas para facilitar la gestión de este cambio global. ¿Qué podemos hacer para reducir el sufrimiento y la frustración de las personas que se quedan sin empleo? ¿Cómo podemos reducir el impacto de la deslocalización en nuestra sociedad? ¿Cómo pueden las empresas aprovechar los beneficios de la nueva red global de suministros?

Por citar solo unas ideas, algunas multinacionales están desarrollando programas para ayudar a recolocar a los trabajadores que se quedan sin empleo. Para ello se crean alianzas con empresas especializadas en selección de personal. Otras ayudan a través de bonos especiales para los afectados mientras se reubican. Y en algunos países están surgiendo seguros especializados que permiten protegerse contra este fenómeno. En cuanto a la supervivencia de las empresas, que deben deslocalizar parte de sus procesos, el reto es diseñar y construir una cadena de suministros que se beneficie de las ventajas de un mundo globalizado y conectado. Hay que definir qué actividades se pueden realizar independientemente de la localización. Hay que escoger el nuevo destino en que se realizarán. Y finalmente hay que establecer los mecanismos de gobierno de esta nueva cadena de suministros. Todo tomando en cuenta la responsabilidad social y ética de la empresa.

Adaptado de *www.cincodias.com*

2 En tu opinión, ¿qué deben hacer los Gobiernos de los países desarrollados?

	Sí	No	Depende
1. Impedir que las empresas deslocalicen.	☐	☐	☐
2. Restablecer las barreras comerciales.	☐	☐	☐
3. Apostar por un nuevo orden económico.	☐	☐	☐
4. Dejar que la ley de la oferta y la demanda regule el mercado.	☐	☐	☐

3 Si tienes otra opinión, explícala a tus compañeros.

Un dí@ habrá que salir de México D. F.

Transportes Hernández es una empresa instalada en México D. F. desde 1975. Durante sus primeros años desarrolló su actividad fundamentalmente en la capital volviéndose una de las líderes en el transporte de maquinaria industrial. A mediados de los 80, empezó su expansión hacia otros Estados y en la actualidad, llega a todas las zonas del país y, por su puesto, a Estados Unidos.

Desde hace unos años, los directivos se han planteado la posibilidad de transferir la casa matriz a otra ciudad. En efecto, para muchos el D. F. se ha vuelto invivible. La contaminación, la violencia urbana, el tráfico insoportable, las deficiencias en transporte público, los altos costos que representa para cualquier familia la educación, la salud y la vivienda, les ha hecho imaginar un cambio radical: llevarse la sede a otra parte.

Desde la aparición de las nuevas tecnologías esta posibilidad ya no parece ser tan descabellada; la presencia física en el D. F. ya no es obligatoria para continuar la expansión.

Ahora bien, conscientes de que un cambio así no se puede hacer de la noche a la mañana, han decidido pedir a tres grupos de personas de la empresa realizar un estudio de viabilidad para instalar la sede en otra ciudad. Tres opciones parecen sobresalir: la de la ciudad de *Guadalajara*, en el estado de Jalisco, la de *Monterrey*, en el estado de Nuevo León, y la de *Veracruz*, en el estado de Veracruz.

Después de haber realizado todos los estudios pertinentes han organizado una reunión hoy día para que cada grupo presente las ventajas o desventajas que tiene su ciudad, después de lo cual un debate podrá ser organizado entre todos para definir la ciudad en la cual la empresa se instalará.

1 Consignas

Cada grupo deberá informarse sobre la situación de su ciudad a nivel económico, social, cultural, etc., con el objetivo de convencer a los directivos y a los empleados de que un futuro tanto empresarial como familiar es posible en una de estas tres ciudades. Al final todos deberán votar por la ciudad que les parezca que cumple mejor con los requisitos para instalarse definitivamente. Para buscar estas informaciones puedes acudir, por ejemplo, a las páginas web oficiales de los ayuntamientos de cada una de las ciudades, a otros sitios internet independientes, a enciclopedias e incluso dirigiéndose a la embajada de México en su país.

UNIDAD 4

Consumidores y productos

CADA DÍ@ MÁS

a ¿Cuál es cuál?

1 Pon en relación la empresa con su sector de actividades.

Telecomunicaciones	_____	Construcción	_____
Energía eléctrica	_____	Edición	_____
Transportes ferroviarios	_____	Gran distribución	_____
Textil	_____	Alimentación	_____
Petróleos	_____	Transporte aéreo	_____
Banca	_____		

2 Explica brevemente la actividad de cada empresa.

▶ 13 **3** Hemos preguntado a tres personas extranjeras (un francés, una brasileña y una italiana) si conocen una empresa o producto español. Escucha lo que nos han comentado.

4 **¿Quién lo dice?**

1. A hombres como él, también le gusta ir de compras. _____
2. Habla de telecomunicaciones. _____
3. Le encantan las películas de Almodóvar. _____
4. Sin darse cuenta estaba consumiendo español. _____
5. No sabe si sus compatriotas piensan igual que ella. _____
6. Los productos que consume están adaptados a sus necesidades. _____
7. A las marcas no se las identifica por el país de origen. _____

5 **¿Estás de acuerdo o no con estas afirmaciones?**

	Sí	No
• Los productos de Zara tienen una buena relación calidad-precio.	☐	☐
• Me encanta ir de compras.	☐	☐
• No siempre conozco el origen de los productos que consumo.	☐	☐
• El consumo no tiene que ver con la tradición de un país.	☐	☐
• El cine no es un producto como los otros.	☐	☐
• Me encanta Almodóvar.	☐	☐

b El producto del año

▶ 14 🎧 **1** Los mejores de su sector. Escucha la grabación e identifícalos apuntando en qué consiste su novedad.

1
2
3
4
5

2 **¿Cuáles de estos productos estarías dispuesto a comprar? Coméntalo con tus compañeros.**

3 **¿Cuáles de estas características debe tener un producto para satisfacer al consumidor? Establece el orden de prioridades que te convenga.**

- Estar respaldado por una marca conocida.
- Ser de buena calidad.
- Satisfacer las necesidades del consumidor.
- Tener una garantía posventa.
- Tener una buena relación calidad-precio.

- Ser atractivo a los sentidos.
- Darle importancia al que lo utiliza.
- Respetar las normas ecológicas.
- No atentar contra los derechos infantiles.

ANALICEMOS Y PRACTIQUEMOS

a Hoy en dí@

1 Leed este diálogo que tiene lugar en una tienda.

MARÍA SOL:	Esta chaqueta está preciosa, pruébatela, te va a quedar regia. Además la puedes combinar con el bolso que te compró papá cuando estuvo en Antofagasta.
LUCÍA:	Sí, ¿pero viste el precio?
MARÍA SOL:	Por una vez que te vas a dar un gusto.
LUCÍA:	Pero tampoco hay que exagerar.
MARÍA SOL:	No es exageración, póntela y vas a ver que cambias de opinión.
LUCÍA:	Me podría comprar dos chaquetas con esa plata.
MARÍA SOL:	Pero no de la misma calidad, ni con ese corte y menos aún de esa marca.
LUCÍA:	La marca no me importa, lo que me importa es que me quede bien y que no sea tan cara.
MARÍA SOL:	Del precio hablamos después de que te la pruebes, vamos a las cabinas. *(A la vendedora)* Señorita, por favor, tráiganos esta chaqueta en 40 y 42.
VENDEDORA:	¿De este color?
MARÍA SOL:	Tráiganos también la roja. *(A la madre)* ¡Vamos, mamá, a la cabina!
LUCÍA:	Tú y tus ideas de entrar en estas tiendas tan caras.
MARÍA SOL:	No te vas a arrepentir.
VENDEDORA:	Aquí las tienen. ¿Les puedo ayudar?
MARÍA SOL:	Sí, por favor, convenza a mi madre de que es mejor comprar una chaqueta de buena calidad, que dos que se le dañen en un abrir y cerrar de ojos.
VENDEDORA:	Su hija tiene razón, señora. Más vale invertir un poquito más en un producto de calidad que en algo que se le va a echar a perder enseguida.
LUCÍA:	Lo barato sale caro, ¿es eso? Una gasta lo que tiene, esa es la pura verdad.
MARÍA SOL:	Mamá, tampoco es que cueste un ojo de la cara. Cuesta lo que debe costar.
VENDEDORA:	Mire, yo siempre he preferido comprar menos, pero de calidad, que comprarme muchas prendas y luego arrepentirme porque se me han encogido o descolorido.
LUCÍA:	*(A su hija)*. Tú no te compras cosas a estos precios.
MARÍA SOL:	Yo soy una chica joven, la calidad para mí es secundaria, lo que me importa es el diseño. A ti las cosas te duran más tiempo, piensa en eso también.
LUCÍA:	Y en el precio.
VENDEDORA:	Pruébese la chaqueta, le va a quedar muy bien, y si no le gusta tenemos las que están en el otro mostrador, un poquito más baratas. ¿Quiere que le traiga una?
MARÍA SOL:	Sí, por favor. *(A la madre)* Tampoco estás echando la casa por la ventana. Decídete.
LUCÍA:	*(Probándose la chaqueta)* Me encanta. Mírame cómo se me ve por detrás.
MARÍA SOL:	El corte es perfecto.
LUCÍA:	Lástima el precio. La verdad, a mí no me gusta gastar tanto en ropa, ya sabes.

2 ¿Qué imagen te haces de María Sol y Lucía en tanto que consumidoras?

3 ¿Con cuál de las dos te identificas más? Justifica tu respuesta.

4 ¿Qué consejos les da la vendedora? ¿Te parece convincente? ¿Por qué? ¿Qué les hubieras dicho tú?

5 Pon en orden de importancia los criterios que utilizas en el momento de comprarte ropa. Una vez que los hayas expuesto oralmente y escuchado los de tus compañeros, establece las prioridades de la mayoría de la clase.

	Tú	La clase
• corte	_____	_____
• diseño	_____	_____
• servicios	_____	_____
• marca	_____	_____
• precio	_____	_____
• calidad	_____	_____

6 Pon en relación las dos columnas.

1. Se dañan en un abrir y cerrar de ojos.
2. Lo barato sale caro.
3. Cuesta un ojo de la cara.
4. Estás echando la casa por la ventana.

a. Te estás arruinando económicamente.
b. Su precio es elevado.
c. El precio es bajo pero la calidad resulta mala.
d. Cuando se echa a perder una cosa rápidamente.

b Algunas variantes lingüísticas entre Hispanoamérica y España

1 María Sol y Lucía son chilenas, desde tu punto de vista, ¿en qué se diferencia el acento chileno del español? ¿Conoces otros acentos hispanoamericanos? Coméntalo con tus compañeros.

2 En tu país, ¿hablan todas las personas el mismo idioma? ¿Existen acentos diferentes?

3 Cambia la palabra chilena por una española.

1. Te va a quedar *regia*. _____
2. Me podría comprar dos chaquetas con esa *plata*. _____
3. ¡Vamos mamá, a la *cabina*! _____
4. Tenemos las que están en el otro *mostrador*. _____

4 En España, en muchas ocasiones, nos tuteamos con la vendedora. Adapta estas frases al tú.

1. Tráiganos también la roja. _____
2. Aquí las tienen. ¿Les puedo ayudar? _____
3. Convenza a mi madre. _____
4. Su hija tiene razón. _____
5. Mire, yo siempre he preferido comprar menos… _____
6. Pruébese la chaqueta, le va a quedar muy bien, y si no le gusta… _____
7. ¿Quiere que le traiga una? _____

5 Y en tu país, ¿una vendedora tutearía a sus clientes? Cuéntaselo a tus compañeros de clase.

C La estrategia de fidelización

1 Los clientes, consejos para apropiárselos. Completa el siguiente texto conjugando los verbos en imperativo y sustituyendo los complementos por pronombres personales.

**Un baile en 5 pasos
o cómo seducir a los mejores**

Anzuelo pequeño. El primer paso es conseguir información sobre sus clientes. Realice una obtención de datos progresiva. (Asegurar al cliente) 1 _____ la privacidad de la información. (Pedir al cliente) 2 _____ autorización para utilizar sus datos y (decir al cliente) 3 _____ que es para su beneficio. Por supuesto, no comercie con esa información –es inmoral y además ilegal–.

Recompensa inmediata. El cliente paga en el acto. (Recompensar al cliente) 4 _____ rápidamente. Cuanto más rápida sea la gratificación por su compra –vales, descuentos, etc.– antes comprenderá que ha entrado en un ámbito amistoso con la empresa, y le será fiel a usted desde el principio de la relación.

Fidelidad a la marca. Los ofrecimientos deben ser únicos, no algo que pueda copiar fácilmente otra empresa: (seleccionar ofrecimientos) 5 _____ cuidadosamente. Un plan de fidelidad no es una forma más de descuento de precios, sino un trato preferente o un producto peculiar que solo su marca puede ofrecer.

Crear una elite. Los mejores premios deben ser para los mejores clientes. (Hacer) 6 _____ saber a los más fieles cómo pueden convertirse en preferentes y (premiar a ellos) 7 _____ con días especiales, envíos gratuitos o series limitadas de sus mejores productos.

Sorpresa. Realice premios inesperados. Si no alcanza el presupuesto, no se detenga, (limitarse) 8 _____ a un pequeño número de clientes privilegiados. Elabore un plan de incentivos y (poner el plan) 9 _____ en marcha. Aproveche una oportunidad para recibir a sus mejores clientes y (enviar a ellos) 10 _____ la invitación con una oferta muy especial. El gasto en fidelizar no es un extra, sino un epígrafe fijo en la contabilidad de la empresa.

Adaptado de Emprendedores

Fíjate en estas formas verbales del diálogo:

pruébatela • póntela • tráiganos • pruébese • decídete • mírame
*siempre he preferido comprar menos que **comprarme** muchas prendas y luego **arrepentirme**…*
***Probándose** la chaqueta.*
Con el **infinitivo**, el **gerundio** y el **imperativo afirmativo**, los pronombres personales complementos van siempre detrás y unidos a la forma verbal.
*Por una vez que **te vas a dar** un gusto = Por una vez que **vas a darte** un gusto.*
Si el infinitivo o el gerundio van unidos a una forma personal, el pronombre puede adherirse, indistintamente, a una u otra forma verbal.

---

2 Los clientes son iguales, pero unos más que otros… Analiza el siguiente estudio de ventas y beneficios por grupos de clientes y compáralos utilizando los elementos de los recuadros de la página siguiente.

	Cantidad	Ventas	Beneficio
Clientes A (más fieles)	4%	20%	29%
Clientes B (habituales)	26%	50%	55%
Clientes C (ocasionales)	70%	30%	16%

LOS COMPARATIVOS

• Superioridad e inferioridad

Carlos gana **más/menos** dinero **que** yo.
Soy **más/menos** fuerte **que** tú.
Vive **más/menos** cerca de la plaza **que** Juan.

¡Cuidado! Fíjate en estas oraciones

El viaje ha sido más/menos corto **de lo que** pensaba.
La conferencia duró más/menos **de lo** previsto.
Tenemos más/menos tiempo **de lo** necesario.

		más que
verbo	+	
		menos que

Luisa se divierte **más/menos que** su hermana.

• Igualdad

	adjetivo		
tan +		+	como
	adverbio		

María es **tan** inteligente **como** su padre.
Luis habla inglés **tan** bien **como** tú.

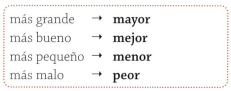
tanto, a, os, as + sustantivo + **como**

Tengo **tantos** amigos **como** ella.

verbo + **tanto como**

Felipe estudia **tanto como** Rafael.

• Comparativos irregulares

más grande	→	**mayor**
más bueno	→	**mejor**
más pequeño	→	**menor**
más malo	→	**peor**

La situación es hoy **mejor** que ayer.

---

3 Debate: ¿sobre cuáles de estos grupos de clientes hay que volcar los planes de fidelización? ¿Por qué?

4 Detalles muy rentables. Completa el siguiente texto con comparativos.

Las pymes también

Los programas de fidelización son una estrategia 1 _____ obligada para las grandes empresas 2 _____ para las pymes, por su 3 _____ volumen de clientes y la despersonalizada relación con ellos. Pero también a una pyme –con 4 _____ clientes y 5 _____ proximidad– puede interesarle poner uno en marcha, aunque sin la necesidad de 6 _____ grandes presupuestos 7 _____ para una gran empresa ni la participación de una agencia especializada.

Sorteos. Una fórmula muy frecuente es regalar números según el volumen de compra. Las participaciones de la lotería de Navidad, por ejemplo, son 8 _____ atractivas 9 _____ cualquier otro regalo.

Descuentos. El tendero tradicional sabe distinguir al cliente habitual, y no debe dudar en redondear a la baja los precios o regalar un complemento cuando este realiza una compra 10 _____ importante 11 _____ lo corriente.

Tuteo. El supermercado no tiene con el cliente 12 _____ cercanía 13 _____ la tienda más modesta. Un saludo amable, dar las gracias al despedirse o recordar su nombre son detalles muy valorados por los clientes que suelen ser 14 _____ fieles.

Cuenta abierta. El pequeño comerciante puede tener una cuenta abierta con sus 15 _____ clientes. El clásico «me lo apuntas» es una ventaja para el cliente que ninguna gran empresa puede ofrecer.

Adaptado de *Emprendedores*

5 ¿Qué tipo de comercio prefieres? ¿Por qué? Coméntalo con tus compañeros de clase estableciendo una lista de las ventajas y desventajas de cada sistema.

La industria del entretenimiento

1 Lee el siguiente artículo.

Dispuestos a ganar la partida

Videojuegos: una nueva generación de creadores se coloca en vanguardia
de las nuevas tendencias y modelos de negocio.

Se suele decir que vivimos en la sociedad del ocio. Desde luego, si nos remitimos a las tendencias de consumo no se puede sino confirmar esa impresión. Desde principios del siglo XXI, de forma silenciosa, un sector tan aparentemente modesto como el videojuego ha incrementado sus ventas de forma espectacular, hasta situarse incluso por encima de una industria del tamaño del cine. Y no solo ocurre así a nivel mundial: hoy España es el cuarto país de la UE y el sexto del mundo por volumen de negocio.

Tras esta revolución callada se esconde una profunda transformación del videojuego, un sector que ha hecho mejor que el cine o la música sus deberes de adaptación a los nuevos hábitos de consumo, portando sus contenidos a soportes como el móvil y las *tablets*, aprovechando internet como un canal sin intermediarios, y con incursiones cada vez más audaces en las redes sociales y las plataformas de descarga gratuita. El cambio tecnológico ha provocado también que hoy haya más oportunidades que nunca para los nuevos emprendedores.

«La penetración de internet en los hogares, la entrada de consolas y la aparición de tiendas on-line han supuesto que se puedan afrontar proyectos con un menor coste de producción y distribución directa», señala Gilberto Sánchez, secretario general de la asociación de Desarrolladores Españoles de Videojuegos (DEV). Desde el DEV se destaca que «el número de estudios de desarrollo sobrepasa ya ampliamente la centena» en nuestro país, muchos de ellos nacidos al calor del nuevo maná digital. De nuevo frente al cine, otra de las fortalezas de los jóvenes creadores españoles de videojuegos es que tienen claro que el mercado donde han de competir es el mundo entero, y diseñan cuidadosamente sus productos pensando en las exigencias de un público objetivo bien definido, y de alcance global, única forma de poder rentabilizar la inversión.

Aplicando el *zoom*, a la nueva ola de empresas españolas de videojuegos podemos ver una serie de rasgos comunes en sus proyectos:

Profesionalidad. Más allá del clásico estudio de garaje, «hoy día las compañías de videojuegos demandan otro tipo de perfiles: gente de marketing, de finanzas, que ayuden a crear una estructura seria y con visos de crecer», asegura Sánchez. Si antes se solía confiar todo a la creatividad y la tecnología, ahora se cuidan al máximo todos los aspectos. Por ejemplo, la campaña de marketing de un juego puede empezar a crear expectación un año antes del lanzamiento, igual que lo que ocurre en el cine.

Especialización. Aunque parezca de Perogrullo, no siempre ha sido tan evidente. Pero ni los videojuegos ni su público son un bloque homogéneo. Antes de abordar un lanzamiento hoy todos tienen claro a qué segmento se dirigen.

Flexibilidad. Nuestras empresas han sabido adaptarse a los constantes cambios tecnológicos y de consumo. Saben que hoy es una necesidad para la supervivencia. Sea cual sea la plataforma bajo la que distribuyen sus productos, todos tienen puesto un ojo en el iPad y sus posibilidades.

Juventud y pasión. Dos requisitos para conectar con los gustos de su cliente mayoritario: los jóvenes.

Tomado de *Emprendedores*

---

2 Responde a las siguientes preguntas.

1. ¿Cómo se ha producido la revolución callada del videojuego mencionada en el texto?
2. ¿Cuál es la meta de las empresas de videojuegos hoy en España y por qué?
3. ¿Cuáles son sus rasgos comunes? Descríbelos con tus propias palabras.

▶ 15 **3** Una estrategia de negocio que da mucho juego. Escucha la grabación y explica el recorrido de la empresa, su especialidad y a quién van dirigidos sus productos.

micoach tennis

| Recorrido y especialidad: |
| ¿Para quién? |

4 Cifras de la industria más juguetona. Coméntalas con tus compañeros.

La Asociación Española de Distribuidores y Editores de Software de Entretenimiento (aDeSe) ha hecho públicos los datos económicos de la industria del videojuego en España y confirma que el país es el cuarto mercado europeo –tras el Reino Unido, Francia y Alemania– y el sexto del mundo en lo que a consumo de ocio digital respecta. Con un 53% de este mercado, ostenta una 'mayoría absoluta' clara superior a la suma de las ventas de cine, DVD y música grabada. En cifras absolutas, desde hace un par de años, el gasto de los españoles en videojuegos se aproxima a los 1200 millones de euros.

Fuente: *www.meristation.com*

▶ 16 **5** La primera industria del entretenimiento en España. Escucha la grabación y señala sus puntos fuertes y débiles.

Puntos fuertes	Puntos débiles

6 Y tú, ¿eres consumidor de videojuegos? Explícalo a tus compañeros.

CREEMOS Y NEGOCIEMOS

a Algunos productos extranjeros en España

1 Escribe el país de origen y el producto que vende cada una de estas marcas.

1	2	3

4	5	6

2 ¿Por qué crees que estas marcas han tenido cabida en el mercado español y/o internacional?

3 ¿Conoces algún producto de tu país que se exporte a España o a Hispanoamérica? Completa la ficha siguiente.

Nombre:
Sector:
Breve descripción:
Cualidades:
Consumidor:

4 ¿Podrías explicar a tus compañeros las razones del éxito internacional de este producto o marca?

5 Vamos a jugar. Cada uno debe pensar en un producto o servicio y lo va a describir sin decir su nombre, hasta que alguien lo descubra.

Vender un producto de su país en el mercado latinoamericano

1 Lee este texto.

Cuatro razones para invertir en Latinoamérica

Latinoamérica está en una excelente posición para liderar la recuperación económica mundial. Las nuevas expectativas y oportunidades para los inversores internacionales tienen su centro de atención en las tierras hispanoparlantes del continente americano.

Partiendo de cuatro esferas de análisis: el entorno político, el desarrollo económico, la internacionalización de sus empresas y el enfoque cultural.

Estabilidad política

Latinoamérica goza de buena salud por sus buenas políticas macroeconómicas, debidas en gran medida a su estabilidad política.

La Organización de Cooperación para el Desarrollo Económico (OCDE) señala que los países latinoamericanos han sabido aprovechar las oportunidades para remover restricciones al desarrollo y dar un salto cuantitativo y cualitativo en la provisión de servicios públicos.

Países como México, Guatemala y República Dominicana han presentado una diversificación económica y menor gasto público, lo que ha permitido el rápido crecimiento de la clase media y en consecuencia impulsa su desarrollo sin depender de las economías externas. En contraparte, están los ejemplos de Brasil, Chile y Colombia, que son líderes del desarrollo económico latinoamericano a partir de la apertura de tratados internacionales, con lo cual han abierto sus mercados a nuevas fronteras. En ese sentido, la estabilidad de las políticas económicas latinoamericanas potencia su imagen a nivel mundial.

Crecimiento económico sostenido

Fruto de la estabilidad política, Latinoamérica disfruta de una década de crecimiento económico sostenido y de afluencia de inversiones extranjeras. Por ello existe un consenso sobre los resultados económicos derivados de las políticas de estabilidad económica y del control de las cuentas públicas.

Hoy, Latinoamérica está en una excelente posición para liderar la recuperación económica mundial, contribuyendo significativamente a evitar una crisis financiera en el planeta.

Incluso, expertos como John Welch, director ejecutivo de mercados emergentes de CIBC World Markets, han considerado que las fortalezas económicas de Latinoamérica han permitido tomar ventaja en la desaceleración global y contribuir significativamente para evitar una crisis financiera mundial.

El salto al escenario global

Otra clave estratégica que ha permitido destacar a Latinoamérica para convertirse en el ojo de nuevos inversionistas es la diversificación de sus industrias y la internacionalización de sus estrategias. Es decir, el crecimiento de las empresas en la Región, aunado a una adecuada gestión de inversiones, ha permitido que varias empresas latinoamericanas cobren renombre en el plano internacional.

En ese sentido, Latinoamérica deja una muy buena lección al mundo: no solo se exportan mercancías, sino también las ideas y mejores prácticas de los buenos negocios.

Pluralidad cultural

Para quien quiera invertir en la región, es importante dedicar tiempo y recursos para entender la región latinoamericana como un «todo» y a la vez como un «multiorganismo» de complejidades y diferencias culturales.

Latinoamérica debe entenderse como un subsistema cultural abierto, donde convergen ideas y valores similares por el intercambio cultural que se da a partir de la lengua hispana. Pero tanto el sistema en su totalidad como las partes que lo componen son realidades diferentes en las que se puede encontrar desigualdad social o entornos políticos radicales.

Latinoamérica plantea un nuevo reenfoque para el mundo de los negocios, con una versión moderna en la que todos los consumidores podemos compartir ideales comunes, pero a cada individuo le gusta contar con un toque diferenciado.

En los años 80, nadie se hubiera imaginado que Latinoamérica fuera un referente mundial, pero ha llegado la oportunidad para Latinoamérica, y de ser el patio trasero, hoy es el frente de la casa.

Adaptado de *www.revista-uno.com/numero-9*

2 Explica por qué el mercado de América Latina es atractivo.

3 Si fueses exportador, ¿te arriesgarías a entrar en el mercado latinoamericano? Explícalo.

4 La exportación de un producto de tu país. Lee las consignas.

Una empresa de importación y exportación de tu país quiere llevar un producto a Latinoamérica. Os ha pedido encontrar uno que corresponda a ese mercado. Os dividís en equipos que van a realizar una investigación de marketing.

- **Buscad un producto concebido y fabricado en vuestro país.**

- Preparad una descripción exhaustiva.
- Determinad las necesidades que va a satisfacer.
- Describid el perfil del consumidor al cual va dirigido.
- Buscad los competidores ya presentes en el mercado.
- Redactad una encuesta dirigida al consumidor objetivo.

- **Preparad una presentación dirigida a los directivos de la empresa.**

- **Los directivos escogen el producto más adaptado al mercado latinoamericano.**

C Altruismo rentable

Desde hace unos años las acciones de patrocinio en todo tipo de actividades están creciendo a pasos agigantados. Las razones son varias: un número excesivo de medios de comunicación –que dificulta la concentración de los mensajes e impactos publicitarios–, el incremento de la oferta de productos y servicios, una intensa competencia y la disminución de la fidelidad del consumidor a las marcas. La empresa necesita volver a estar cerca del consumidor, tener un trato personal y conseguir que los valores que rodean sus productos toquen la fibra sensible del cliente, incentiven su identificación y lo fidelicen lo más posible.

El patrocinio tiene diversas modalidades: deportivo o *sponsorship*, el más utilizado (más del 70% de todas las acciones en España), cultural, social, científico, mecenazgo, patrocinio de espacios televisivos o incluso de páginas web.

Tomado de *Emprendedores*

1 ¿Conoces empresas que patrocinen eventos deportivos o culturales? Cuéntaselo a tus compañeros.

2 ¿Qué impacto crees que tienen estas acciones para la marca o la empresa?

▶ 17 **3** Escucha los consejos de estos expertos para lanzarse en actividades de patrocinio y resúmelos con tus propias palabras.

Maole Cerezo, directora de Relaciones Institucionales de la consultora **Deloitte § Touche**	Daniel Benedicto, socio fundador de **Accesogroup**

18 4 Escucha estos ejemplos de empresas patrocinadoras y resume cuáles son los objetivos que persiguen.

Winterthur: _____

_____

Saab: _____

Afinsa: _____

_____

Pongamos al dí@ un patrocinio

Una empresa de tu país o una multinacional presente en uno o varios países de América Latina, o que está pensando instalarse en uno o varios países del continente, ha decidido lanzar un patrocinio para darse a conocer, o mejorar su imagen.

1 Primera etapa.

- Se divide a la clase en equipos.
- Cada equipo va a escoger la empresa que va a representar y el país en el cual se va a hacer el patrocinio. Ejemplo: Apple – Chile, Volvo – Perú, Carrefour – Argentina.
- Buscan la situación de la empresa y del sector de actividad en el país.
- Preparan una presentación de la empresa a nivel mundial y nacional y de la situación del sector en el país. Ejemplo presentación de la marca Volvo (en el mundo y en el Perú) y del sector del automóvil en Perú.

2 Segunda etapa.

Cada equipo busca el tipo de patrocinio que van a lanzar y explica las razones por las cuales han decidido hacer este patrocinio. Para esto, debe comparar los valores de la firma con los valores del evento o de la institución patrocinados, poniendo énfasis además en los objetivos que persigue la compañía con su patrocinio.

Por ejemplo: Carrefour va a patrocinar el equipo nacional de fútbol de Argentina, ya que uno de los valores de Carrefour es el entusiasmo, que caracteriza también a la selección argentina de fútbol. Por otro lado, pretende con este patrocinio dar una mejor imagen de la empresa en Argentina y también de compromiso con el país.

3 Tercera etapa.

El contrato de patrocinio.

El grupo redacta y presenta el contrato que describe detalladamente la relación entre la empresa y el evento o la institución patrocinados. ¿Qué van a dar y que van a recibir a cambio? Por ejemplo Apple ha decidido patrocinar una escuela de negocios en Chile, va a entregar computadoras a los alumnos, a cambio de lo cual el nombre de la marca deberá aparecer en todas las herramientas de comunicación de la universidad.

La empresa puede aportar con dinero o con servicios, o los dos.

4 Presentación.

El grupo hace una presentación para convencer a la dirección de la empresa sobre la pertinencia de su proyecto.

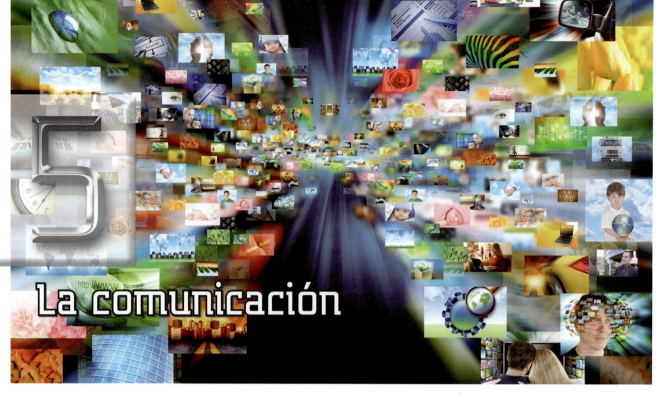

5

http://www
La comunicación

CADA DÍ@ MÁS

a La marca y su eslogan

1 Descubre el eslogan que se esconde en cada frase desordenada.

1. bien trabajo las elige de herramientas _____

2. nos nuevos los conectamos a tiempos _____

3. vida de dulces porque momentos está la llena _____

▶ 19 **2** ¿A cuál de estos productos y marcas crees que corresponden los eslóganes? Escucha los anuncios publicitarios y apunta las características de cada producto en la columna correspondiente.

1	2	3

_____ _____ _____

_____ _____ _____

_____ _____ _____

_____ _____ _____

_____ _____ _____

_____ _____ _____

_____ _____ _____

3 Y tú, ¿recuerdas algún eslogan publicitario o varios? Cuéntaselo a tus compañeros.

El patriotismo como marketing

1 Lee el siguiente artículo.

Es interesante subrayar el posicionamiento de algunas pymes como empresas que hacen productos *made in Spain*. Han convertido su opción de no deslocalizar en una estrategia comercial para atraer clientes, como la alicantina **Wonders**. Su lema no puede ser más revelador: *Hecho con amor en España*. Para los responsables de Wonders, esta filosofía es «fruto de una decisión estratégica meditada y un análisis detallado de las percepciones del consumidor». Y lo explican de la siguiente forma: «En determinados sectores, el público da por hecho que lo que compra se ha producido en una nave de China, aunque no haya sido así. Esa creencia trae, de manera inconsciente, ideas acerca de disminución de calidad, explotación de los trabajadores, menos supervisión. Nosotros queremos transmitir la idea de que cuidamos los detalles».

Esta apuesta se debe también a que ellos están convencidos de que lo español vende. Porque la propia percepción de lo español ha cambiado –gracias al éxito de españoles que destacan a nivel mundial en la gastronomía, el deporte, el cine, etc.– y por-

que la llegada de productos *low cost* procedentes de Oriente ha favorecido la percepción de calidad de lo fabricado en España.

wonders

Que para aprovechar el tirón del patriotismo no hace falta tener la nacionalidad española lo demuestran también firmas como la francesa **Renault**, que destaca en su publicidad que sus coches están fabricados en España. Lo que importa es dónde se hace, no el origen de la marca.

Otras, incluso, echan mano del patriotismo sin haber conservado toda la producción en su país de origen, como la británica **New Balance**: solo los modelos de mayor calidad se fabrican en Inglaterra, pero hacen un guiño al consumidor con este compromiso.

Tomado de Emprendedores

2 Indica si las siguientes afirmaciones son verdaderas o falsas.

	V	F
1. La deslocalización es considerada por ciertas pymes como una medida contraproducente.	☐	☐
2. El compromiso de no fabricar fuera del país atrae al consumidor por curiosidad.	☐	☐
3. Los responsables de Wonders decidieron limitar su fabricación en España tras un viaje a China.	☐	☐
4. La percepción de una mayor calidad española no es totalmente consciente.	☐	☐
5. La opinión pública suele atribuir a los chinos la explotación de los trabajadores.	☐	☐
6. Los consumidores españoles valoran mucho los productos gastronómicos.	☐	☐
7. El éxito de españoles en varios ámbitos está dando credibilidad a los productos españoles.	☐	☐
8. Los productos procedentes de Oriente disgustan por ser demasiado caros.	☐	☐
9. La publicidad de Renault en España no privilegia el patriotismo de la marca.	☐	☐
10. En Inglaterra, ostentar la nacionalidad puede ser una pega para vender.	☐	☐

3 ¿Es arriesgado recurrir al proteccionismo industrial? ¿Por qué?

4 ¿Se manifiesta en tu país una fiebre proteccionista? Explícalo a tus compañeros.

ANALICEMOS Y PRACTIQUEMOS

a Hoy en dí@

1 Leed este diálogo.

MARCELO:	Cuando estemos entre la espada y la pared no podremos reaccionar como es debido.
ARTURO:	Exageras. Si estuviésemos en un punto tan crítico ya lo sabríamos. Admito que nuestros productos no están en su mejor momento, debido en parte a la situación general, pero si no respetamos nuestra cultura empresarial, los resultados serán peores.
MARCELO:	La cultura de una empresa es vital para su existencia, pero como todo en la vida, tiene que evolucionar adaptándose a las circunstancias.
ARTURO:	Si hubiésemos necesitado publicidad ya la habríamos hecho hace tiempo. Nuestra fuerza se ha centrado en nuestro rigor en cuanto a calidad, a los servicios prestados, a nuestros valores.
MARCELO:	Justamente, con la publicidad vamos a poder resaltar estos valores. Necesitamos comunicar, debemos mostrar a los consumidores los esfuerzos que hacemos para mejorar los productos, las iniciativas que tomamos. Los últimos resultados corroboran que la comunicación de boca a boca ha dejado de funcionar.
ARTURO:	El estancamiento de nuestras ventas no se debe a una falta de comunicación; quizás lo que necesitemos sea adaptar mejor la oferta, mirando un poco más de cerca a la competencia. Si no hemos recurrido a la publicidad antes es porque no la necesitábamos.
MARCELO:	Es una solución que debemos tomar en cuenta. Si no reaccionamos a tiempo, vamos a perder el mercado en un abrir y cerrar de ojos.
ARTURO:	Bueno, mira, si crees que un publicista nos puede ayudar, escuchémoslo.
MARCELO:	Sr. Ribera, encantado, espero no haberle hecho esperar demasiado.
SR. RIBERA:	No, para nada, buenos días.
MARCELO:	Pase, por favor. Este es Arturo Prieto, mi socio.
SR. RIBERA:	Mucho gusto.
ARTURO:	Buenos días, Sr. Ribera, por favor, tome asiento.
MARCELO:	Estábamos justamente hablando de usted… bueno, de publicidad. Como se lo expuse el mes pasado por teléfono, nuestra empresa se ha desarrollado sin haber tenido que recurrir a la publicidad. Quisiera que nos explicara con detenimiento lo que podemos hacer.
ARTURO:	Para decirle la verdad yo no veo cómo una pyme de fabricación de envases puede hacer publicidad; nuestros clientes no se sitúan dentro del gran público, se trata más bien de otras empresas.
SR. RIBERA:	He leído con cuidado todos los documentos que me han enviado. En este informe podrán encontrar las conclusiones a las que hemos llegado. Como ustedes saben, la publicidad es solamente uno de los aspectos de la comunicación de una empresa. Estoy de acuerdo con que hacer publicidad en medios de comunicación de masas no tendría sentido, pero se podría hacer una campaña en alguna revista profesional. Por otra parte, se puede mejorar todo el material de comunicación; es decir, hacer más visible el logotipo y el eslogan de la empresa en los mismos envases. En fin, hay muchas soluciones para promocionar la imagen y los productos de la empresa…

2 Responde a estas preguntas.

1. ¿Por qué ha recurrido Marcelo a un publicista?
2. ¿Cuál es la posición de Arturo frente a la publicidad?
3. Y tú, ¿con cuál de los dos estás más de acuerdo? ¿Por qué? Explícaselo a tus compañeros.

3 Escribe las soluciones que el Sr. Ribera podría dar para mejorar la comunicación de la empresa.

4 Léelas a la clase y compáralas con las de tus compañeros. ¿Quién ha encontrado las mejores soluciones? ¿Por qué?

5 La empresa de Marcelo y Arturo fabrica envases. Ayúdales a crear:

El nombre de la marca	El eslogan

6 Di lo que significan en el diálogo estas expresiones:

1. De boca en boca.
2. En un abrir y cerrar de ojos.
3. Estar entre la espada y la pared.

7 ¡Si todo fuera posible! Completa las siguientes frases conjugando los verbos en el tiempo y el modo apropiados.

1. Si se quiere ganar la partida a la competencia y darse a conocer en un mercado cada vez más competitivo, no (ser) _____ suficiente idear un producto o servicio con gancho.
2. Si no (conformarse) _____ con las indicaciones del mercado, habríamos corrido el riesgo de sorpresas desagradables.
3. Si deseas que mucha gente compre tus productos, (hacer) _____ que se conozcan mediante la publicidad.
4. El 86% de los usuarios de móviles manifiesta que (aceptar) _____ publicidad a través de su móvil, si esto conllevara a una reducción en el precio del servicio.
5. Si una empresa (aprovechar) _____ al máximo la interactividad en la publicidad on-line la marca ganará muchos puntos.
6. Si la estrategia publicitaria ha fijado debidamente el público objetivo, la publicidad (poder) _____ dar mucho más de lo que cuesta.
7. No se podría vender ningún artículo si el cliente no lo (conocer) _____ y no lo (pedir) _____ .
8. Si se incrementara la cantidad de clientes, (haber) _____ que bajar los precios para alcanzar a nuevos segmentos de consumidores.
9. Esta pyme (tener) _____ muchas más posibilidades de despertar el interés mediático si hubiese centrado su mensaje en la originalidad o especialización de la oferta.
10. De nada sirve tener un artículo excelente si el mercado no (enterarse) _____ de su existencia.

1 *Speed marketing.* Completa el texto conjugando los verbos entre paréntesis en el tiempo y el modo apropiados.

Audacia, sorpresa, creatividad, adelantarse a la competencia... Estos son los ingredientes del marketing con una clave que destaca por encima de todas: ¡la rapidez!

Si (ser) 1 _____ un empresario lento, eres un empresario muerto. Si (adoptar) 2 _____ una estrategia de conservación, de seguir haciendo lo de siempre, y (creer) 3 _____ que hay que dejar las cosas como están – ¡si tuviéramos que cambiar algo, claro que lo (hacer) 4 _____! – tienes los días contados. Tu empresa habrá sido flor de un día.

Esta es la nueva teoría de marketing, fruto de la experiencia de grandes emprendedores. Si buscas oportunidades, mañana (poder) 5 _____ convertirte en un pionero y descubrir nuevos mercados. Al principio, podrá tratarse de pequeños nichos, pero con el tiempo pueden llegar a adquirir gran dimensión.

Un buen ejemplo del empresario con perfil pionero es el emprendedor Javier Pérez Dolset, fundador y presidente de **Grupo Zed**. Es el arquitecto que ha edificado una importante multinacional española que comercializa productos y servicios de entretenimiento y de comunidad para dispositivos móviles e internet. Y afirma que «si uno pretende ser un adelantado a su tiempo (deber) 6 _____ ir siempre por delante de los demás... Se suele decir que a los pioneros se los 'comen los indios', pero también son los que descubren los nuevos territorios y los grandes tesoros».

La sociedad y el mercado están en continuo movimiento. La tarea del emprendedor consiste en detectar sin demora todos estos cambios y adaptar lo antes posible la oferta de sus empresas a los mismos. En este punto, si consideras que tienes una posición privilegiada, (ganar) 7 _____ la partida a los muy mullidos y apoltronados directores de marketing de muchas grandes compañías, más lentos y burocráticos.

Ahora bien, si (anticiparse) 8 _____ demasiado y (carecer) 9 _____ de recursos, no te servirá de nada ser visionario. Cuando se produjo la primera burbuja de las puntocom, algunos empresarios perdieron mucho dinero: si (tener) 10 _____ más experiencia, los negocios se habrían realizado con éxito. Era temprano. Demasiado temprano.

Los gurús del marketing afirmaban que si el producto fuera malo, lo peor (ser) 11 _____ hacerle un buen marketing. Sabia reflexión si consideramos que la historia (estar) 12 _____ repleta de fracasos de marketing que triunfaron en la prensa. Al final, por muy ingenioso que sea tu marketing, por muy simpáticas que sean tus campañas de publicidad, si tu producto o servicio no es bueno, el público (sentirse) 13 _____ estafado. De nada sirve un buen marketing si (olvidarse) 14 _____ de su esencia: la calidad. Si quieres triunfar, (pensarlo) 15 _____.

Adaptado de Emprendedores

Fíjate en estas frases hipotéticas del texto:

- *Si no **respetamos** nuestra cultura empresarial los resultados **serán** peores.*
- *Si no **hemos recurrido** a la publicidad antes es porque no la **necesitábamos**.*
- *Si **crees** que un publicitario nos puede ayudar, **escuchémoslo**.*

→ Las condicionales reales expresan un hecho **real**, **posible** o **probable**:
Si + **indicativo** → **indicativo** o **imperativo**

- *Si **estuviésemos** en un punto tan crítico ya lo **sabríamos**.*

→ Las condicionales irreales en el presente expresan una acción **hipotética**, **improbable** o **irrealizable**:
Si + **imperfecto subjuntivo** → **condicional simple**

- *Si **hubiésemos necesitado** publicidad ya la **habríamos hecho** hace tiempo.*

→ Las condicionales irreales en el pasado expresan una acción **no realizada**:
Si + **pluscuamperfecto subjuntivo** → **condicional compuesto** o **pluscuamperfecto del subjuntivo**

---

2 Pepephone, cero regalos. Completa el texto con las preposiciones *por* o *para*.

¿Es posible conseguir nuevos clientes sin invertir en publicidad, ni promociones en precio ni regalos? **Pepephone** demuestra que sí. Se trata de una pequeña empresa que funciona como Operador de móvil virtual (OMV), lo cual significa que, aunque no tenga red propia, puede ofrecer una máxima cobertura en España y 1 _____ todo el mundo gracias a la red de Vodafone, incluyendo red 3G más rápida 2 _____ navegar 3 _____ internet.

4 _____ su director, Pedro Serrahima, «nuestra estrategia de captación de clientes es justo la contraria del resto del mercado. No hacemos nada 5 _____ atraerles, no gastamos nada 6 _____ que vuelvan si se van. No les regalamos un teléfono, ni les ofrecemos descuentos especiales o llamadas gratis entre clientes. No nos lanzamos a captar 7 _____ captar. Ni siquiera tenemos una línea 900 gratuita 8 _____ contratar. Si 9 _____ venirte a Pepephone necesitas que la llamada de contratación sea gratuita, es que no quieres venirte con nosotros. Es como si 10 _____ ir a un hotel necesitas que te paguen el viaje. Tampoco invertimos en publicidad. El ahorro de costes que supone nos permite ofrecer precios mucho más bajos. Algunos apuestan 11 _____ la subvención de regalos. Nosotros no. Nuestro coste de adquisición se basa en el regalo de la tarjeta SIM (menos de 10 euros) y los gastos de envío».

A diferencia del resto de sus competidores, todos los privilegios son 12 _____ sus clientes, no 13 _____ los nuevos contratos. «Nuestros clientes saben que siempre tienen la mejor tarifa. Si decidimos bajar nuestros precios a los nuevos, a los de siempre les escribimos 14 _____ mail y les explicamos 15 _____ qué a ellos también se los hemos bajado», comenta Serrahima. Su política se centra más en la fidelización del cliente que en la captación. 16 _____ eso, cuidan especialmente el servicio de atención al cliente con más de 1500 tiendas 17 _____ toda España 18 _____ atenderles.

El resultado de esta política comercial es que son sus propios clientes quienes les recomiendan a otros, lo que los ha convertido en la cuarta marca de telefonía que, 19 _____ ahora, genera más comentarios en las redes y la que mejor valoración tiene 20 _____ sus resultados.

Adaptado de *Emprendedores*

---

3 ¿Cuáles son las ventajas y desventajas de esta estrategia de marketing?

La publicidad comparativa

1 Lee el siguiente artículo.

La licitud o ilicitud de la publicidad comparativa

La publicidad comparativa se define como aquella modalidad publicitaria en la que el anunciante alude implícita o explícitamente a sus competidores, sus productos, servicios o signos distintivos, con la finalidad de compararlos con sus prestaciones y que de la mencionada comparación salgan aventajadas sus propias prestaciones.

Al analizar la publicidad comparativa, lo más relevante son los requisitos de licitud:

En primer lugar, los productos comparados deben tener la misma finalidad o satisfacer la misma finalidad o necesidades. En estas circunstancias tenemos que resolver el siguiente problema: ¿podrían compararse productos que pertenezcan a distintos géneros o categorías pero que puedan cumplir la misma finalidad? Por ejemplo, ¿sería lícita una comparación entre la utilización de los servicios de un tren, avión, o vehículo, siendo tres productos diferentes? Obviamente, la respuesta es positiva: se trata de productos de naturaleza diferente pero que cumplen las mismas necesidades, a saber, transportar personas o mercancías.

En segundo lugar, y este es el requisito más importante, la comparación se tiene que realizar de modo objetivo entre una o más características esenciales, pertinentes, verificables y representativas de los bienes y servicios comparados. Por lo tanto, la comparación deberá fundamentarse solamente en parámetros determinantes para la compra, es decir, el precio y la calidad de los productos o servicios. De ahí que una comparación sobre circunstancias puramente personales (nacionalidad, raza, sexo) de un anunciante convertiría esa publicidad en ilícita.

En conclusión, se trata de una práctica totalmente legítima siempre que se comparen bienes o servicios similares, de modo objetivo y basándose en características pertinentes y representativas.

Tomado de *www.beatrizpatino.com*

---

2 ¿Conoces ejemplos de publicidad comparativa? Coméntalos con tus compañeros. Puedes buscar ejemplos en «imágenes de publicidad comparativa» en Google.

20 **3** Opiniones sobre la publicidad comparativa. Escucha la grabación y di con cuál o cuáles estás de acuerdo.

4 Habla de una publicidad polémica o especialmente original que recuerdes.

d La influencia de la publicidad

1 Opiniones para todos los gustos. Aquí tenéis las opiniones de algunos representantes del sector. Comentadlas entre compañeros.

- «Hoy en día es difícil ser notorio, y una vía que funciona es la de jugar con la violencia y reírte de ella, sobre todo para la gente joven».
- «No vale argumentar que las imágenes publicitarias reflejan problemas reales, porque la publicidad no está para resolverlos. Solo una época mentecata como la nuestra puede creer que la imagen de una cuestión contribuye a su solución».
- «No hay que buscar la agresividad, pero tampoco hay que autocensurarse. Algunos anuncios que han sido tachados como polémicos en España han tenido éxito en otros países».
- «¿Y si fuera uno de los fines de la publicidad el hecho de crear necesidades en el consumidor para conquistar nuevos mercados?»
- «Es un grave error pensar que el objetivo de la publicidad es llamar la atención. La publicidad busca algo mucho más difícil: vender».

2 Tratad de definir juntos el papel de la publicidad.

▶ 21 **3** Los famosos y la publicidad. Escucha la grabación y comentadlas entre compañeros.

Marcelo Ojeda, director de una agencia de publicidad.

Patricia Comas, directora de planificación de medios publicitarios.

Augusto Urquijo, profesor de Marketing.

4 ¿Te identificas con los personajes representados en la publicidad? ¿Son reales o ideales?

5 ¿Qué puede gustar o disgustar al consumidor? Intercambia con tus compañeros tu opinión sobre la utilización en la publicidad de:

- los niños y los ancianos
- el sexo: hombres y mujeres objeto
- la clase social y el deseo de éxito social
- los sentimientos como la codicia, la pereza, la gula, etc.

6 ¿Sucumbes a la publicidad? Explica.

CREEMOS Y NEGOCIEMOS

a Las redes sociales

1 Cinco razones empresariales para usar Twitter.

---

1. Mejorar la reputación. Twitter permite una presentación directa de nuestra organización a quien nos lee, sin intermediarios, sin depender de terceros. A través de la coherencia de comentarios, la regularidad de las contribuciones de los contenidos y el estilo, revelamos una íntima y poderosa imagen de nosotros mismos.

2. Desarrollar contactos y conexiones. Twitter es un canal de comunicación de dos vías. Si lo utilizamos solamente para la difusión (como si fuera mera publicidad), no hemos comprendido su valor. Los líderes empresariales y académicos escuchan los mensajes de otras personas mediante la búsqueda de tuits sobre sus temas de interés.

3. Proporcionar acceso a nuevas ideas. Twitter facilita la búsqueda de nuevos pensamientos o comentarios, que aportan una nueva dimensión a nuestro propio negocio. De esta forma, nos permite aprender y transmitir conocimiento.

4. Acopio de conocimiento. Cuando seguimos a los «formadores de opinión», vemos la rapidez con la que acceden y hablan acerca de las tendencias y novedades. Debemos observar lo que los competidores están hablando. Y leer lo que los clientes están diciendo sobre nosotros y nuestros productos.

5. Multiplicar la velocidad de la comunicación. Twitter es instantáneo y medible. Otros medios -como los correos electrónicos y cartas, las notas y conferencias- llevan su tiempo: planear, componer, crear, publicar y enviar.

Tomado de www.enriquefarez.com

▶ 22 **2** Otros argumentos para utilizar Twitter. Escucha la grabación y relaciónala con cada título.

1. Vender productos y servicios.
2. Aumentar el tráfico al sitio web de negocios.
3. Dar personalidad a tu empresa.
4. Aumentar la amplitud del vínculo empresarial.
5. Gestión directa de las preocupaciones de los clientes.

3 Cada alumno escribe un tuit de una empresa o un producto que le guste.

4 ¿Conoces tuits empresariales? Preséntalos.

5 ¿Qué opinas sobre las redes sociales como instrumento de comunicación empresarial?

b Creación de eventos

Trabajáis en Appel y tenéis que organizar un evento para la salida de su nuevo modelo de teléfono o de tableta. La dirección ha pedido a varios grupos de empleados que hagan una propuesta de lanzamiento.

1 Leed los consejos de un profesional.

El evento paso a paso

Aunque cada acto tiene sus propias particularidades, todos ellos tienen en común ciertos aspectos que debéis vigilar especialmente. Son estos:

Desplazamientos. A la hora de cerrar vuestros presupuestos debéis tener bien asegurados los vuelos y los transportes posteriores. Y tanto en la cita para la salida como a la vuelta, dejaros suficiente margen de maniobra para afrontar cualquier imprevisto: siempre alguien llegará tarde. También debéis tener presente que algunos de los invitados pueden querer facturar el equipaje y eso supondrá algún retraso.

Actividades. Una vez que tengáis controlados casi todos los gastos, podréis plantearos realizar alguna actividad. Si planeáis hacer una visita a algún lugar de interés, abierto al público, procurad que sea lo más exclusivo posible. Si se trata de amenizar la cena, tened cuidado. Los humoristas, una de las soluciones más socorridas, pueden crearos problemas si basan su humor en ridiculizar a los invitados.

¿A quién invitáis? En algunos actos el número de asistentes es fijo (por ejemplo, una junta de accionistas). En otros, en cambio, podréis elegir cuántos queréis que vayan. Siempre que podáis permitíroslo, lo mejor es que vayan grupos no excesivamente grandes. De esta forma, podréis estar con todos ellos y darles la atención necesaria. Otra consideración que debéis tener en cuenta es si resulta rentable invitar también a acompañantes. Aunque sale más caro en términos absolutos, los resultados que obtendréis pueden compensar la inversión adicional. Tened en cuenta que no todos los gastos se duplicarán, por ejemplo, el hotel no varía mucho.

La presentación. La presentación del producto, ese momento clave que justifica por qué habéis convocado a vuestros invitados, es el más importante de cualquier evento, aunque para muchos invitados sea una penitencia que deben soportar. Precisamente por eso, es muy importante que sea ameno, que esté bien organizado y que os permita comunicar lo que queréis de forma clara y, sobre todo, breve.

El lugar apropiado. El entorno debe ser idóneo tanto por su ubicación como por las infraestructuras externas (acceso, aparcamientos, etc.) e internas (tomas de luz, salidas de teléfono, etc.). Además, el espacio disponible debe ser fácilmente adaptable a la imagen corporativa o del acto.

Elegid una fecha. Parece una cuestión baladí, pero no lo es en absoluto. Los imprevistos ajenos a la voluntad de la empresa –causas meteorológicas, una huelga de transportes, etc.– serán perfectamente comprensibles. Pero desconvocar un acto por falta del producto a presentar o por no estar disponible el hotel resultará imperdonable. Además, cuando elijáis la fecha, pensad en vuestros invitados y en su disponibilidad.

Regalos. Este es un apartado muy delicado. La virtud está en el término medio. Si os quedáis cortos, malo; y si os pasáis, podrían interpretar que tratáis de comprar su voluntad. Lo mejor es que busquéis algún detalle que sea práctico, que esté personalizado con el logotipo de la empresa o bien con el producto de la presentación y, sobre todo, que sea algo especial, algo que transmita todo el cariño con el que lo habéis elegido.

El hotel. Si los invitados deben dormir en destino, habréis de elegir hotel. Si el evento se celebra en España, seleccionad como mínimo uno de 4 estrellas y, si podéis, de 5 estrellas o de 5 estrellas gran lujo. El impacto que causará en los invitados el pernoctar en un idílico hotel compensa la diferencia de precio. Además, si organizáis la rueda de prensa y la cena en el hotel, podréis conseguir mejores precios.

Tomado de Emprendedores

---

2 El evento tiene que corresponder a las características del producto y a los valores de la firma. Informaos sobre estos dos aspectos y escribidlos en el recuadro colocando la característica frente al valor correspondiente.

Características	Valores

3 *Brainstorming.*

Cada uno de vosotros va a dar una idea sobre qué tipo de evento se puede organizar. Anotadla.

4 **Organización del evento.**

Dependiendo del tipo de evento elegido, deberéis hacer un presupuesto detallado de los costos de estadía, viajes, hoteles, regalos, contratación de artistas u otras necesidades inherentes al proyecto.

Tendréis también que organizar el evento paso a paso, detallando cada momento del evento, de tal manera que los participantes sepan lo que van a hacer hora tras hora.

Tendréis que crear una invitación que les llegará a los participantes a través de sus teléfonos.

C Comunicación interna

1 No toda la comunicación de una empresa se realiza hacia fuera, una parte esencial debe dedicarse a la comunicación hacia adentro. Lee este texto.

Una de las primeras áreas de trabajo de una empresa en donde debe implementarse intranet es en el área de Comunicación Corporativa, ya que es un medio altamente efectivo y económico para establecer una red de información permanentemente actualizada hacia todo el personal de una organización, tanto si se encuentra ubicado en una misma localidad como si se encuentra geográficamente disperso.

A través de intranet se disemina fácil y rápidamente la información, se difunden las nuevas directrices de la organización y se distribuyen las últimas versiones de todos los documentos corporativos que los ejecutivos y empleados puedan necesitar.

Con la distribución de documentación y materiales de uso interno a través de intranet se asegura que todo el personal, independientemente de su localización geográfica, cuente con acceso permanente y actualizado a toda la información que requiere para su correcto desempeño. Además de eliminar los costos de impresión, reproducción y distribución de todo este material, se evita que los empleados consulten información o utilicen materiales que ya se han vuelto obsoletos.

La utilización de la tecnología internet en esta área no solo mejora la calidad y eficiencia de la comunicación interna sino que la enriquece considerablemente y permite extenderla hacia nuevos espacios que favorecen la integración de los empleados en la empresa e incrementan la calidad de sus relaciones interpersonales.

Tomado de *www.interware.com.mx*

▶ 23 **2** Ahora, escuchad algunos ejemplos del uso que el área de Comunicación Corporativa puede hacer de intranet.

3 Si deseáis aún mayor información, acudid a la dirección www.interware.com.mx. Es una empresa mexicana especializada en el desarrollo de soluciones de negocios de alta tecnología. Visitad el sitio web, en él podréis encontrar ejemplos de redes intranets desarrolladas por esta empresa, así como información sobre esta herramienta de internet. Igualmente podéis recurrir a empresas que vosotros conozcáis.

4 Después de leer, escuchar la grabación y visitar el sitio web de Interware, preparad una presentación dirigida a los responsables de vuestra empresa con el objeto de convencerles para que den el salto a intranet.

Hoy dí@ vamos a crear nuestra propia campaña publicitaria

1 Consignas.

La Secretaría de Turismo de tu país ha pedido a la empresa *Publicist* la realización de una campaña publicitaria. El objetivo es atraer a turistas españoles e hispanoamericanos para que vayan a disfrutar unas merecidas vacaciones en tu país. Esta campaña será difundida en España e Hispanoamérica y será auspiciada por la Secretaría de Turismo y por todas las asociaciones gremiales concernidas.

El director de la empresa *Publicist*, a su vez, ha pedido a tres personas (o grupos) que realicen tres campañas distintas. Dependiendo de su país de origen, cada persona (o grupo) deberá explorar diversos temas. Por ejemplo, uno podrá centrar su campaña sobre las riquezas culturales de su país, otro sobre las riquezas arqueológicas y, por fin, el tercero sobre la naturaleza.

2 Reunión.

Cada grupo tendrá que presentar:
– Un cartel que será colocado en vallas al pie de carreteras o grandes avenidas.
– Una cuña radiofónica que será difundida por las principales radios del país.
– La idea para la realización de un anuncio televisivo.
– Un folleto que será distribuido en las principales agencias de turismo.

Hoy cada uno va a presentar su propuesta al director. Después de la presentación, a la que asisten todos los participantes, se deberá concebir la campaña definitiva. Podrán escoger el cartel de un grupo, la cuña y el folleto del otro y la idea del anuncio del otro; incluso pueden guardar el eslogan de un grupo con las imágenes de otro. En definitiva, el objetivo de la reunión es el de realizar el mejor proyecto para ser presentado a la Secretaría de Turismo. En caso de litigio, el director de *Publicist* tendrá la última palabra.

El dinero

CADA DÍ@ MÁS

a Que te financie tu padre

1 Lee el siguiente texto.

¿Cómo obtener financiación de familiares y amigos y no perder la relación personal en el intento?

La financiación procedente de las 3F (*Friends, family and fools*) suele ser la primera fuente de fondos para iniciar un negocio. Pero, cuidado, esta tabla de salvación puede convertirse en un regalo envenenado, si no se atan bien los cabos.

La financiación procedente de las famosas 3F es la única que crece actualmente, aunque es cierto que en cantidades modestas. Frente a otros recursos informales, los familiares, amigos y 'locos' son de los pocos que todavía siguen apostando por ayudar al emprendedor. Hay quien dice que, junto a los fondos propios, este es uno de los argumentos de peso para captar inversores externos porque si no eres capaz de convencer a tu entorno más cercano para que invierta en ti y en tu idea, cómo vas a persuadir al resto.

Ahora bien, aunque es la fórmula más tradicional de obtener fondos iniciales para el negocio, también es cierto que es uno de los caminos más peligrosos porque, como dice el refrán: los amigos y los negocios, cuanto más lejos mejor.

Una mala gestión de esos préstamos, una falta de transparencia en los resultados o una quiebra pueden dar al traste con las relaciones familiares y personales que están en juego en este tipo de financiación. Por consiguiente, toma nota de algunos consejos para evitar problemas futuros:

- **Diversifica el riesgo.** Divide tus necesidades financieras entre varios candidatos para que el esfuerzo inversor sea menor y los riesgos también sean pequeños. No produce el mismo efecto en la economía doméstica arriesgar 3000 euros que 12 000. «Se trata de hacer una financiación ligerita para que si te descalabras no repercuta en las finanzas de tus amigos o familiares», explica Juan Miguel Gómez Berbis, profesor de la Universidad Carlos III.

- **Selecciona bien a la persona.** Dicen los expertos que cuanto más grado de consanguinidad existe, peor. Esto tiene una explicación: «Es cierto que los familiares más cercanos estarán más dispuestos a ayudarte, porque confían en ti y te quieren. Pero uno tiende a ser menos serio en el tratamiento de estas ayudas que cuando se recurre a un amigo o a un compañero de trabajo», señala Gómez Berbis. Lo importante es que sea cual sea la fuente de financiación, la tratemos con la misma seriedad que si fuese una entidad financiera.

- **Clarifica tus objetivos y los de ellos.** Reduce las expectativas de tus prestamistas, de manera que entre sus objetivos no esté tanto obtener beneficios como ayudarte a levantar negocio. «Han de confiar más en ti que en la viabilidad del proyecto», continúa Gómez Ber-

bis. Con lo cual sé muy sincero y realista en los riesgos y en la presentación de las cuentas.

- **Infórmales.** Es importante que mantengas informados a tus 3F del avance de la empresa. Es cierto que si la ayuda ha sido en forma de préstamo, no tienes ninguna obligación jurídica de hacerlo, pero te lo agradecerán y es una forma de hacerles partícipes de la buena marcha del proyecto.

Tomado de *Emprendedores*

2 Si fueras un nuevo emprendedor, ¿optarías por este tipo de financiación? Justifica tu respuesta.

3 Según tu opinión, establece un orden de prioridad entre los consejos que conlleva el texto.

4 Los expertos dicen… Comentad estas afirmaciones entre compañeros.

- «Para que un descalabro no repercuta en quien te presta, pide pequeñas cantidades».
- «Hay que tratarlos a todos con la misma seriedad que si fuesen una entidad financiera».
- «Han de confiar más en ti que en la viabilidad del proyecto».
- «Siempre hay que poner un plazo de devolución. No vale el "ya me lo devolverás cuando puedas"».

b Hablando de dinero

1 ¿Qué te parece el refrán: los amigos y los negocios, cuanto más lejos mejor?

▸ 24 **2** Cien refranes, cien verdades. Aquí tienes explicaciones de refranes relativos al dinero. Escucha la grabación para relacionarlas con ellos.

a. El ganarlo cuesta mucho y el gastarlo, nada.

b. Advierte que las riquezas son buenas cuando nos servimos de ellas, pero no ocurre lo mismo cuando nos hacemos esclavos de ellas.

c. Enseña que la abundancia de lo bueno nunca hace daño.

d. Consejo práctico y sencillo: para no carecer de dinero, no gastarlo.

e. Enseña el valor de las amistades, que debemos cuidar aunque de momento no nos proporcionen provecho, pero pueden hacernos falta en el porvenir.

f. En contra de quienes mantienen quieto y guardado el dinero en lugar de comprar con él, invertir, etc.

g. Refiérese a que la verdadera amistad no tiene precio.

h. Expresa el poder del dinero que no se para ante nada.

i. Suele suceder que aquel que recibe la riqueza sin esfuerzo y sin saber lo que cuesta ganarla, se muestra gastador y rumboso, olvidándose de las privaciones que tuvo que pasar el que juntó esos bienes.

j. Aconseja tener las cuentas claras entre amigos.

3 ¿Se te ocurren refranes de tu país con un sentido similar? ¿Cuáles?

ANALICEMOS Y PRACTIQUEMOS

a Hoy en dí@

1 Leed este diálogo.

RODRIGO:	Dudo de que me puedas convencer. La cantidad de pequeños accionistas que pierden todos sus ahorros a causa de una OPA o de la mala gestión de un directivo ya no se cuenta.
EDUARDO:	Pero a su vez hay millones de personas que se han beneficiado con una pequeña cartera de acciones.
RODRIGO:	No, definitivamente el riesgo es demasiado alto. A mí me gustan las cosas claras. Vas a ver a tu banquero, le dices que tienes unos ahorrillos, él te los mete en una cuenta y te paga un interés, pequeño pero seguro.
EDUARDO:	Lo que él hace es utilizar tu dinero para ganar mucho más poniéndolo a circular en la Bolsa. Además los bancos te proponen ahora productos financieros más rentables que una simple cuenta de ahorros.
RODRIGO:	Bueno, digamos que yo les doy mi dinero, ellos lo ponen a «circular», y resulta que a lo mejor estoy financiando carreras armamentistas, empresas espoliadoras de recursos naturales y humanos en el tercer mundo u otras dedicadas a negocios que para mí pueden ser inmorales. No, definitivamente eso de que mi dinero ande paseando por ahí, en ese universo irreal de la Bolsa después de haber trabajado durante veinte años para ganármelo con el sudor de mi frente...
EDUARDO:	Por favor, no te pongas en ese plano, parecería un sermón anticapitalista.
RODRIGO:	No estoy diciendo que esté en contra del capitalismo, pero te aseguro que me da miedo este capitalismo sin ley, que no respeta ni a la naturaleza ni al hombre.
EDUARDO:	Pero tu cuenta de ahorros es manejada por el banco a su antojo, en cambio, con una cartera de acciones tú decides en dónde pones tu dinero. Insisto para que sepas que ahora existen carteras éticas, de esta manera estás seguro de que tu inversión además de beneficiarte, beneficia a proyectos acordes con tu modo de pensar.
RODRIGO:	Quizás sea una buena solución invertir en bienes raíces.
EDUARDO:	¿Y si la crisis inmobiliaria vuelve? Te quedarás sin nada.
RODRIGO:	Esa es una visión demasiado negativa.
EDUARDO:	Tú sabes bien por la situación que hemos pasado debido a la burbuja inmobiliaria.
RODRIGO:	Es verdad, lo que haría en ese caso sería estudiar bien la ubicación del piso y ya está.
EDUARDO:	A tu edad comprar un piso ya no es rentable. Tienes que esperar a amortizar primero el préstamo antes de poder siquiera pensar en un beneficio.
RODRIGO:	Bueno, quedará para lo que hereden mis hijos, es más concreto que una cartera de acciones que puede desaparecer de la noche a la mañana.

2 Responde a estas preguntas.

- ¿Cuáles son los temores de Rodrigo en el momento de invertir su dinero?
- ¿Piensas que toda inversión es válida con tal de obtener beneficios?

3 Compara tu respuesta con las de tus compañeros y debatid sobre este tema.

4 ¿Qué le aconsejarías a Rodrigo?

- Invertir sus ahorros en la Bolsa.
- Meter el dinero en una cuenta de ahorros.
- Comprar un bien inmobiliario.
- Gastarse el dinero en viajes.
- Suscribir un fondo de pensiones.
- Comprar un nuevo coche.
- Pedir consejo a un experto en inversiones.
- Otros. Explica.

5 Según tú, ¿qué deben hacer los pequeños accionistas para evitar pérdidas inesperadas?

- Crear asociaciones que los defiendan.
- No jugar en Bolsa.
- Confiar su dinero a expertos.
- Invertir solamente en grandes empresas.
- Tener acciones en diversos sectores de la economía.
- Otros. Explica.

6 Compara tus respuestas de los dos ejercicios precedentes con las de tus compañeros y estableced juntos la mejor estrategia para Rodrigo y para un pequeño inversionista.

7 ¿Has invertido tu dinero en la Bolsa? Cuenta tu experiencia a tus compañeros.

ᑲ El dinero de los jubilados

1 Después de jubilarse. Leed este texto.

> Cuando se jubile, usted tendrá que revisar su situación económica. La planificación financiera, incluyendo el ahorro y la inversión, no termina al cumplir la edad legal de jubilación.
>
> Necesitará elaborar un nuevo presupuesto con los importes reales de todas sus fuentes de ingresos y sus gastos actuales. Revise este presupuesto cada año. Si no ha logrado acumular un colchón suficiente para su jubilación, probablemente tendrá que recortar o eliminar gastos. Recuerde que la regla número uno de «gastar siempre menos de lo que ingresa» sigue tan válida después de jubilarse. Los ahorros e inversiones que no retira seguirán generando intereses. Lo que pasa es que ahora usted probablemente retirará más de lo que ahorra, así
>
> que los intereses a cobrar y el acumulado total irán disminuyendo en vez de creciendo, como ocurría en los años previos a la jubilación. Tenga cuidado: sus ahorros tendrán que durar muchos años, y si se gastan antes del tiempo, solo le quedarán las pensiones públicas para vivir.
>
> No olvide aprovechar las ayudas económicas destinadas a los pensionistas. Tendrá derecho a descuentos importantes en abonos de transporte, trenes, hoteles, entradas de museos, teatro y de cine. No siempre le ofrecerán estos descuentos si no los pide, así que siempre conviene hacerlo.
>
> Tomado de *www.finanzasparatodos.es*

2 ¿Cómo es la situación de los jubilados en tu país? Cuéntaselo a tus compañeros.

3 Haced una lista de consejos para preparar la jubilación.

1 La Escuela de Inversión. Completa el siguiente texto con las preposiciones del recuadro.

a (al) • con • de (del) • en • para • por

Generar ingresos 1 _____ **forma práctica.**

Juan Haro y Vicens Castellano, empresarios e inversores profesionales, han creado La Escuela 2 _____ Inversión 3 _____ la finalidad 4 _____ facilitar educación financiera 5 _____ público 6 _____ general. «La escuela se estructura 7 _____ dos niveles: primero, conocimientos 8 _____ restituir una situación financiera desequilibrada, ya sea 9 _____ tener un nivel muy elevado 10 _____ endeudamiento o 11 _____ el hábito 12 _____ gastar todo lo que se gana, o 13 _____ no tener una fuente 14 _____ ingresos regular; segundo, conocimientos 15 _____ poner 16 _____ trabajar el excedente económico fruto 17 _____ ahorro 18 _____ manera que genere ingresos pasivos», explican.

Estos expertos, que solo han invertido 4000 euros, enseñan 19 _____ generar ingresos pasivos: «No nos limitamos 20 _____ la teoría, también incitamos 21 _____ la práctica. Enseñamos 22 _____ mover el dinero 23 _____ hacerlo crecer, 24 _____ que la gente adquiera hábitos financieros. Utilizamos varias salas de *trading* 25 _____ Bolsa 26 _____ que personas corrientes operen 27 _____ ellas desde sus casas y aprendan 28 _____ comprar y crear cuatro familias 29 _____ inversión: inmuebles, Bolsa, negocios sistematizados e ideas (propiedad intelectual)».

Juan Haro y Vicens Castellano ofrecen todos sus seminarios y cursos 30 _____ formato digital. (www.laescueladeinversión.com)

Tomado de *Emprendedores*

2 ¿Qué te parece esta innovación empresarial en Finanzas?

Fíjate en los usos del subjuntivo en el diálogo:

*Dudo que me **puedas** convencer.*
***digamos** que yo les doy mi dinero...*
*eso de que mi dinero **ande paseando** por ahí...*
*Quizás **sea** una buena solución...*

Para expresar la duda, la probabilidad, la eventualidad, y, sobre todo, cuando la acción se refiere al futuro, se emplea **siempre** el subjuntivo.

*y resulta que a lo mejor **estoy financiando** carreras armamentistas...*

¡Cuidado! Detrás de **a lo mejor**, se emplea **siempre** el indicativo.

*Insisto (**yo**) para que **sepas** (**tú**) que...*
*(el piso) quedará para que lo **hereden mis hijos**...*

Para expresar la **finalidad**, y cuando los sujetos son distintos, se emplea **siempre** el subjuntivo.

*Lo que **él** hace es utilizar tu dinero para **ganar** (**él**) mucho más...*
*Después de haber trabajado (**yo**) para **ganármelo** (**yo**) con el sudor de mi frente...*

¡Cuidado! Cuando el sujeto es el mismo, se emplea **siempre** el infinitivo.

3 ¿Para qué sirven los «bancos éticos»? Completa el siguiente texto con formas del presente de indicativo o de subjuntivo, o con el infinitivo.

Lucro y solidaridad quizá (dejar) 1 _____ de darse la espalda para (hacerse) 2 _____ complementarios. Junto con las tarjetas de crédito cuyas entidades emisoras y usuarios (dedicar) 3 _____ una cantidad o un porcentaje de las operaciones a la Cruz Roja, Greenpeace o Amnistía Internacional, han surgido «bancos éticos» para que la rentabilidad (medirse) 4 _____ más en términos de utilidad social que de intereses financieros.

Básicamente, estos bancos (tratar) 5 _____ de transmitir un mensaje novedoso: sin ningún esfuerzo suplementario, usted (depositar) 6 _____ sus ahorros mensualmente en una cuenta corriente para que también (servir) 7 _____ a sus ideales. Tal vez el eslogan de uno de estos bancos (ser) 8 _____ aún más explícito: «¿(Contentarse) 9 _____ usted con cerrar los ojos ante cómo (utilizarse) 10 _____ su dinero o (querer) 11 _____ poner en práctica sus principios?».

Hoy día, la ética (estar) 12 _____ presente en entidades bancarias muy diversas: algunas (funcionar) 13 _____ como otro banco cualquiera, con sus sucursales, sus cajeros automáticos y sus talonarios de cheques. Otras (asemejarse) 14 _____ más a mutuas o cooperativas de crédito que (observar) 15 _____ con lupa las empresas cuyas acciones (comprar) 16 _____

para (invertir) 17 _____ únicamente en proyectos de pedagogía, agricultura biológica, sanidad, etc.

Concretamente, la finanza ética (responder) 18 _____ a las críticas al sistema económico, centrado en el máximo beneficio. (Ser) 19 _____ el inicio de una revolución, una verdadera revolución, que (partir) 20 _____ de la base, de cada uno de nosotros, y (demostrar) 21 _____ que (caber) 22 _____ una posibilidad para que (existir) 23 _____ una economía asentada sobre otros valores, en la solidaridad, la conservación del medio ambiente, la paz, el respeto a los marginales... en una palabra, para que (construirse) 24 _____ una economía centrada en el hombre.

Ahora bien, la noción de moral (distar) 25 _____ mucho de unos a otros. A lo mejor, a unos (poder) 26 _____ parecerles aberrante que su banco (financiar) 27 _____ empresas entre cuyas actividades (figurar) 28 _____ la compraventa de armas, aunque no encuentren tan mal que (prestar) 29 _____ fondos a compañías tabaqueras. Igualmente habrá quien (preferir) 30 _____ financiar proyectos de alfabetización antes que el salvamento de ballenas o el comercio justo de bananas...

Adaptado de *El Correo de la Unesco*

4 Explica en qué difieren del resto de los bancos los bancos éticos.

5 ¿Existen en tu país bancos éticos? ¿Cuál o cuáles?

1 Lee el siguiente texto y coméntalo con tus compañeros.

Los empresarios andan revueltos a cuenta del Impuesto de Valor Añadido (IVA) y de su subida. Y con razón. Se enfrentan al dilema de si subir o no los precios. Tomar uno u otro camino se antoja una decisión complicada, sobre todo por el escenario económico en el que se mueve el país. Si se opta por trasladar ese aumento impositivo al público, puede ocurrir que se resienta un consumo que ya, de por sí, ha languidecido en los últimos tiempos. La otra alternativa pasa por asumir el incremento, no mover los precios y así incentivar la demanda. Esto implica reducir un margen comercial que la gran mayoría de firmas ya ha estrechado debido a la crisis, hasta el punto que algunas ya no pueden tocarlo más. Conscientes de ello, los expertos piensan que las compañías se verán obligadas a repercutir la subida (en su totalidad o en parte) al consumidor.

La recomendación de José Luis Ferrer Rossi, secretario general de la Confederación Española de Comercio (CEC), muestra a las claras que es necesario hilar fino: «La receta consiste en buscar fórmulas de ahorro y de reducción de costes para, de este modo, trasladar al público la subida la menor posible». No se puede dudar que poseer una estrategia bien definida y no regida por la inmediatez resulta de vital importancia. Como punto de partida, hay que insistir en que estamos en un escenario donde no existe una receta mágica que aplicar de manera uniforme a todas las organizaciones. Y la alternativa parece clara: repercutir parte o la totalidad del IVA en el precio o no trasladar al mercado la subida. Sin embargo, cualquiera de las opciones presenta ventajas e inconvenientes que varían para cada empresa, según sus circunstancias particulares. Así, uno ha de reflexionar y resolver qué le conviene en función de factores como la competencia, el producto o sus márgenes comerciales.

Una realidad difícil, sí, pero que no debe paralizar. Para Ferrer, lo primero es efectuar un completo análisis del catálogo de productos. Esta premisa parte de la base de que son muy pocas las firmas que trabajan con una única referencia. La táctica radica en categorizar los productos con el fin de determinar en cuáles se puede aplicar incrementos y dónde resulta imposible.

Este examen previo proporciona una visión conjunta de la actividad que impide caer en el error de tratar por igual toda la oferta. También aporta las claves para *jugar* con los precios de manera eficaz, siempre con la vista puesta en equilibrar la cuenta de resultados.

Tomado de *Emprendedores*

25 **2** Factores decisivos a la hora de fijar precios. Para conocerlos escucha la grabación.

3 Valiéndote del texto y de la entrevista de José Luis Ferrer Rossi, indica si las siguientes afirmaciones son verdaderas o falsas.

	V	F
1. Aumento del IVA y auge económico corren parejas.	☐	☐
2. Trasladar el impuesto a los consumidores puede incentivar el consumo.	☐	☐
3. Según los expertos, tarde o temprano los empresarios tendrán que cobrar la totalidad del IVA a los consumidores.	☐	☐
4. Cabe pensar que una reducción resolvería el problema.	☐	☐
5. El análisis del margen comercial es el único aspecto fundamental.	☐	☐
6. La decisión del empresario depende de la categoría o elasticidad del producto o servicio.	☐	☐
7. Es muy arriesgado subir el precio de los productos más imprescindibles.	☐	☐
8. La competencia puede servir de regulador de precios.	☐	☐
9. Absorber una parte del IVA puede favorecer la demanda sin correr el riesgo de una pérdida importante de beneficio.	☐	☐
10. Lo que siempre determina la compra es el precio.	☐	☐
11. A la hora de fijar los precios, la marca, la innovación y la calidad de los productos o servicios otorgan más libertad a los emprendedores.	☐	☐
12. ¡Si eres líder, asume el IVA!	☐	☐

4 ¿Compartes la idea según la cual «no solo se vive de precios»?

▶ 26 **5** Que no se note una subida de precio. Escucha la grabación y resume con tus propias palabras la estrategia comercial de 5 à Sec.

6 ¿Te parece bien esta estrategia? ¿Se te ocurren otras? Coméntalo con tus compañeros.

CREEMOS Y NEGOCIEMOS

a ¿Dónde invertir?

1 Busca la definición de estos términos en las explicaciones de abajo.

1. La rentabilidad ☐
2. La liquidez ☐
3. La renta fija ☐
4. El valor ☐
5. La renta variable ☐
6. Los fondos de inversión ☐
7. La cartera de valores ☐
8. La obligación ☐
9. La acción ☐
10. Los fondos de pensiones ☐
11. El tipo de interés ☐

a. Dinero en efectivo o en futuros activos financieros fácilmente convertibles en dinero.

b. Expresión genérica que se aplica al mercado de acciones. Se llama así porque la rentabilidad depende del pago variable de los dividendos el cual, a su vez, depende de los beneficios de la sociedad y de su política de dividendos.

c. Parte o fracción del capital social de una sociedad o empresa constituida como tal. Concretamente se refiere al título o valor negociable que representa esa fracción.

d. Conjunto de activos financieros que tienen una rentabilidad fija (bonos, pagarés, etc.). No implica la seguridad de cobro, que depende de la solvencia del emisor.

e. Obtención de beneficios en una actividad económica o financiera.

f. Coste del uso del dinero en un crédito, préstamo u otra obligación financiera. Generalmente se fija en forma de una tasa porcentual anual. Por ejemplo: el 5,25%.

g. Institución sin personalidad jurídica propia que tiene como objetivo la propiedad comunitaria de unos activos con finalidad de lucro. Existe una sociedad gestora que es la encargada de administrar el fondo y una entidad depositaria que se encarga de custodiar sus activos. A todas aquellas personas que forman parte del fondo se les da el nombre de partícipes.

h. Título de renta fija, de forma general con un tipo de interés fijo y pagadero semestral o anualmente, con plazo de amortización superior a tres años. Representa una suma prestada a la entidad que lo emitió.

i. Es el conjunto de títulos que posee una persona o una entidad como inversión financiera.

j. Son aquellos fondos de inversión que se forman a través del patrimonio generado por medio del ahorro colectivo de un plan de pensiones.

k. Utilidad de un bien que permite recibir en equivalencia una determinada cantidad de dinero, es subjetivo y se cuantifica en el momento de la compraventa. En Bolsa se usa como sinónimo de sociedad o empresa.

Tomado de *www.joramon.com/diccionario*

▶ 27 **2** Escucha al experto y di si es verdadero o falso.

	V	F
a. La liquidez es una opción rentable.	☐	☐
b. La renta variable es la opción más rentable.	☐	☐
c. Las compañías españolas están sobrevaloradas.	☐	☐
d. Telefónica, entre otras empresas, ofrece escasos riesgos.	☐	☐
e. No se debe optar por un fondo de inversión mixto de renta variable.	☐	☐
f. La fiscalidad permite cambiar de un fondo a otro sin tributar por las plusvalías.	☐	☐
g. La inversión en renta fija y los depósitos financieros son también buenas alternativas.	☐	☐

Test. ¿Qué tipo de inversor eres tú?

1. **¿Cómo crees que van a evolucionar tus ingresos en los próximos años?**
   - Esperas que aumenten progresivamente de forma moderada. `2`
   - Esperas que a corto y medio plazo se mantengan en el nivel actual. `1`
   - Pueden bajar a corto y medio plazo (por jubilación, p. ej.). `0`
   - Por las características de tu situación, es muy difícil estimar la evolución futura. `3`

2. **¿Cuántas personas dependen de ti económicamente?**
   - Ninguna. `3`
   - Tres personas. `2`
   - Más de tres personas. `1`

3. **¿Qué parte de tus ingresos destinas al pago de gastos fijos –letras y otros pagos– mensuales?**
   - No tienes que hacer frente a ningún pago. `3`
   - Entre el 25% y el 50%. `2`
   - Más del 50%. `1`

4. **Acabas de adquirir acciones de una empresa. ¿Cuánto tiempo piensas mantenerlas en tu cartera?**
   - Menos de dos años. `3`
   - De dos a cinco años. `2`
   - Más de cinco años. `1`

5. **Hay una acción en el mercado que se pone de moda. Ha subido un 50% en una semana y todos a tu alrededor afirman que van a invertir en ese valor. Tú…**
   - Ni se te ocurre invertir ahí aunque todo el mundo lo haga. Piensas que si sube tan rápido, quizás caiga después en picado. `1`
   - Crees que hay que aprovechar las oportunidades cuando aparecen y te apresuras a comprar para aprovechar la racha alcista. `3`
   - No estás muy convencido, pero tomas una pequeña parte de tus ahorros, que no te importa demasiado perder, y compras algunas acciones. `2`

6. **Imagina que acabas de recibir inesperadamente una herencia de unos 15 000 euros, que no necesitas para cubrir ninguna deuda. Tú…**
   - Te los gastarías en un viaje alrededor de mundo. `0`
   - Los pondrías en un fondo de pensiones. `1`
   - Harías un viaje por Europa, y guardarías una parte del dinero en un fondo de renta fija. `2`
   - Invertirías en renta variable. `3`

7. **¿Cuál es, en tu opinión, el empleo ideal?**
   - Tener un negocio propio. `1`
   - Un empleo en la Administración Pública. `4`
   - Un empleo con posibilidades de promoción. `2`
   - Un empleo en una multinacional que ofrezca la posibilidad de trabajar en varios países. `3`

8. **Acabas de terminar de pagar la letra del coche y cuentas con 600 euros más al mes que quedan libres para ser colocados en:**
   - Una cuenta corriente, con una rentabilidad anual similar a la inflación acumulada. `1`
   - Un fondo mixto de renta fija, que te permite hacer algunos escarceos en la Bolsa sin excesivos riesgos. `2`
   - Vas creando una cartera de valores con las compañías que presentan las mejores expectativas a toda hora. `3`

9. **Hace un mes que has adquirido una participación en un fondo de renta fija a largo plazo y acumula una pérdida del 5%...**
   - En ningún caso esperabas perder y decides no asumir ni un riesgo más. Así que vendes inmediatamente tu participación. `0`
   - Acudes a tu oficina bancaria y preguntas a tu gestor por qué estás perdiendo dinero en un fondo presuntamente seguro. Finalmente, decides mantener tu participación algún tiempo para intentar recuperar la inversión. `1`
   - Ni siquiera te molestas en seguir la evolución diaria del valor liquidable del fondo. Has invertido a largo plazo y no te preocupan los resultados negativos cuando se producen en un plazo de tiempo tan corto. `2`

10. **Te han dicho que las acciones de una empresa sueca son las que más van a subir este año. Tú…**
    - Vendes cuanto antes tus acciones españolas para comprar títulos de la compañía sueca. `3`
    - Destinas una pequeña cantidad de tu cartera a la compra de acciones de la compañía sueca. `2`
    - Te parece que comprar acciones extranjeras es un riesgo innecesario y no modificas la composición de tu cartera. `1`

Tomado de *Actualidad Económica*

SUMA PUNTOS y luego comentad los respectivos resultados entre compañeros.

Menos de 11: Conservador. Debes invertir en renta fija a corto plazo y fondos mixtos de renta fija.
Entre 12 y 23: Moderado. Los fondos mixtos son la mejor opción para hacer algunos escarceos en la Bolsa.
Más de 24: Agresivo. La renta variable nacional e internacional debe ser la base de la cartera.

C Una cartera de acciones en la Bolsa de Madrid

Los señores Echeverría, recién jubilados, han logrado ahorrar 30 000 euros y quisieran lanzarse en una inversión bursátil. Ellos no conocen mucho de este negocio y se han enterado a través de la prensa que conlleva muchos peligros. Incluso han navegado en internet para familiarizarse con el universo de la Bolsa; entre los documentos que han podido leer está este decálogo del inversor.

 ▶28 **1** **El decálogo del inversor. Escúchalo y responde sí o no.**

	Sí	No
1. Hay que dejarse guiar por los rumores.	☐	☐
2. Decida invertir cuando tenga toda la información por escrito.	☐	☐
3. Déjese influir por las presiones de los vendedores, ellos saben más que usted.	☐	☐
4. Revise las credenciales de las personas que intenten venderle valores.	☐	☐
5. Tome su decisión cuando conozca las características del producto financiero.	☐	☐
6. Los éxitos anteriores garantizan los éxitos futuros.	☐	☐
7. Tenga cuidado con las inversiones que ofrecen una rentabilidad excesiva.	☐	☐
8. Entérese de los riesgos que corre en sus operaciones con valores.	☐	☐
9. Cualquier persona puede especular en la Bolsa.	☐	☐
10. Firme un contrato con su intermediario y pídale información.	☐	☐

Ahora bien, después de visitar a varios expertos y de leer sus consejos en la prensa especializada y en internet, los señores Echeverría han podido constatar que en muchas ocasiones, los puntos de vista difieren o que los expertos no son suficientemente claros como para que ellos, que no son unos iniciados en el tema, puedan comprenderlos. Por lo cual, han decidido probar la eficacia de vuestros consejos proponiéndoos un juego. El ganador se hará cargo de la inversión.

2 **Consignas.**

La clase se divide en grupos, que llamaremos «los inversores potenciales».

3 Visitad el sitio internet www.bolsamadrid.es. Leed la rúbrica «sobre nosotros».

- En «Índices», leed las diez preguntas clave para saber lo que es el Ibex 35.
- Preparad una presentación de la Bolsa de Madrid.
- Haced un estudio comparativo con otras Bolsas en el mundo.

4 Id a «Mercados y cotizaciones», pulsad en «acciones» y después en «precios de la sesión». Veréis aparecer la lista de las 35 empresas que conforman el Ibex 35. Este índice está repartido en seis sectores:

1. Petróleo y energía
2. Materiales básicos, industria y construcción
3. Bienes de consumo
4. Servicios de consumo
5. Servicios financieros e inmobiliarios
6. Tecnología y telecomunicaciones

Escribid en el recuadro el nombre de las 35 empresas según el sector al cual pertenecen.

5 Vamos a ver ahora quién tiene más olfato para jugar en la Bolsa. Los inversores potenciales van a crear su propia cartera de acciones. Para esto disponen de la suma que los señores Echeverría tienen para invertir, es decir 30 000 euros. Cada grupo debe invertir en una empresa por sector, en total su capital deberá repartirse entre 6 empresas, una en cada uno de los sectores que conforman el Ibex 35 de la bolsa española.

- ¿Cómo escoger? ¿Dejándose guiar por la intuición o estudiando concienzudamente el mercado? ¿Cuántas acciones comprar en cada empresa? ¿Dividiendo su capital por partes iguales o apostando más por una de las firmas? Cada grupo decidirá su propia estrategia.
- Acudid nuevamente al sitio internet www.bolsamadrid.es, pulsad en «mercado y cotizaciones», luego en «acciones» y en «precios de la sesión». Cuando aparezca la lista del Ibex 35 y pulsando en cada una de las empresas veréis aparecer una página donde se indican los datos bursátiles de la empresa, así como un perfil resumido de su actividad; de esta manera podréis haceros una idea de la evolución del títulos y sus perspectivas. Además podéis acudir al sitio internet de las empresas, pidiéndolas en vuestro buscador o, si ya las conocéis, yendo a su dirección internet (por ejemplo www.bbva.es o www.iberia.es).
- Antes de iniciar el juego, cada grupo deberá presentar a la clase su cartera de acciones (nombre de la empresa, capital social, valor de la acción, etc.) y justificar su elección.
- Por fin, la clase deberá escoger una fecha para iniciar la inversión y otra para vender la totalidad de las acciones, durante el periodo más largo posible. Dependiendo de este tiempo, los grupos podrán vender solamente una empresa y cambiarla por otra, que puede ser de cualquier sector, formar ya parte de su cartera o no. Cada grupo deberá hacer un gráfico que indique la evolución de los títulos de su cartera y calcular al final sus ganancias o sus pérdidas.
- Cuando la fecha de vencimiento se cumpla, la clase analizará los resultados obtenidos. La cartera con más ganancias, la que más perdió, la mejor y la peor empresa, el sector más prometedor, el sector en crisis y la situación global del Ibex 35.

6 Después de comparar los resultados obtenidos, se determina el grupo ganador y se redacta para los señores Echeverría una propuesta de inversión.

Estrategias

CADA DÍ@ MÁS

a Una estrategia diferente según el caso

1 ¿Qué estrategia les aconsejarías a estos empresarios para solucionar los problemas a los cuales se enfrentan?

Vendo productos lácteos y una nueva marca acaba de llegar al mercado. Los productos que venden no son iguales a los míos. ¿Cómo debo reaccionar, con una alianza o con un enfrentamiento?

Tengo una tienda de ropa infantil y me va bien a pesar de la competencia. Sin embargo, creo que sería oportuno hacer ofertas para incrementar las ventas. ¿Mando un correo a mis clientes o pongo un cartelito en el escaparate?

Acabo de heredar un hotel, propiedad de mi familia desde hace 30 años. ¿Debo cambiar completamente la forma de administrarlo o seguir en la misma línea de mis padres?

Nuestro restaurante está lleno todas las noches. Hay clientes que hacen una cola de hasta media hora para poder comer. No sé si agrandarlo o abrir uno nuevo en un barrio distinto.

2 Los emprendedores más admirados. Las ideas más rompedoras de los emprendedores que han cambiado el mundo. Completa las presentaciones que siguen con los siguientes elementos.

a. ten miedo de nuestros clientes
b. la tecnología on-line es una oportunidad para ser global
c. rodéate de gente que te guste y con la que seas compatible
d. el éxito es un pésimo profesor
e. es crucial que la empresa no crezca antes de que lo haga el negocio
f. directivos con experiencia en empresas que han quebrado
g. diseña tu estrategia sobre cosas que no vayan a cambiar
h. es mejor ser una persona que tiene una idea única

1. Bill Gates, cofundador de Microsoft. Tenía 20 años cuando fundó su empresa, en 1975. Pero sus pocos años de estudiante –abandonó la universidad de Harvard al año de hacerse emprendedor– han sido decisivos para su negocio, ya que ahí conoció a dos personas clave para Microsoft: su primer socio, Paul Allen, y su sucesor al frente de la firma, Steve Ballmer.

«En los últimos años, Microsoft ha contratado deliberadamente a unos cuantos _____. Cuando uno fracasa, se ve forzado a ser creativo, a profundizar y pensar noche y día. Me gusta tener cerca a personas que hallan pasado por ello.

Nunca desperdiciemos tiempo hablando de lo que estamos haciendo bien. No es nuestra cultura: _____. Seduce a la gente y la lleva a pensar que no puede perder. También es una guía poco fiable para el futuro. Lo que parece ser el plan de negocios perfecto o la última tecnología hoy, puede estar obsoleto dentro de poco».

2. Jeff Bezos, fundador de Amazon. Bezos ha sido uno de los padres fundadores del comercio electrónico, gracias a su visión de cómo crear una empresa global y su capacidad para innovar y ponerse por delante del mercado.

«Hay una pregunta que me repiten mucho: ¿Qué cosas van a cambiar en los próximos 5 o 10 años? Raramente preguntan: ¿Qué es lo que no va a cambiar? Céntrate mejor en eso, _____, porque toda la energía que inviertes en ello hoy te dará dividendos dentro de 10 años. Mientras que si basas tu estrategia en cosas más transitorias (tus competidores, la tecnología disponible, etc.) estas van a cambiar tan rápidamente que tendrás que cambiar tu estrategia muy rápidamente.

Olvídate de la competencia. Yo siempre le digo a mi equipo: _____, porque son ellos quienes tienen el dinero. Nuestra competencia nunca nos va a enviar dinero».

3. Nikles Zennström, fundador de Skype. En 2003 revolucionó las telecomunicaciones con su servicio gratuito de llamadas por internet, que vendió a eBay por 2100 millones de euros. Ahora se dedica a invertir en nuevos proyectos emprendedores. Para él, ser emprendedor es una forma de vida. «Ahora el mundo es más pequeño. Antes, si eras una empresa española, te expandías en España y luego, a lo mejor, a otros países de habla hispana. Hoy _____. Pero las modalidades deben ser sencillas y fáciles de entender por el consumidor para poder triunfar. Hace 20 años el que usaba un ordenador entendía de informática. Esto ha cambiado.

Por otra parte, no te precipites, _____. Cuando es viable, sí hay que invertir en plantilla y llevar a cabo una cuidadosa transición mientras que se crece».

4. Larry Page, cofundador de Google. Creó Google en 1998 junto con su compañero de doctorado en Stanford y en estos años ha convertido su compañía en la más valorada del mundo. Ha formado su equipo con su socio, Sergey Brin, y el directivo Eric Schmidt, con los que comparte su toma de decisiones.

«No debes crear una empresa simplemente porque es el momento adecuado. No es una razón suficiente. A lo largo del año se nos acerca mucha gente que quiere colaborar con nosotros y solamente acabamos haciendo negocio con uno de ellos. Y eso porque _____ que otra que va adaptándose a lo que hay.

Para emprender una aventura empresarial, _____. No puedo dejar de repetirlo. A nosotros nos llevó mucho tiempo encontrar a las personas adecuadas para formar el equipo, pero en lugar de acomodarnos seguimos buscando».

Tomado de *Emprendedores*

ANALICEMOS Y PRACTIQUEMOS

a Hoy en dí@

1 Leed este diálogo.

ANDRÉS:	Creo que va siendo hora de abrir una sucursal, nos está yendo de maravilla.
VICENTE:	Nos va bien porque nos hemos concentrado en el negocio, si empezamos a crecer ahora, no vamos a poder controlar la calidad de nuestro servicio.
ANDRÉS:	Eso es cuestión de organización. Si no invertimos nuestros beneficios en nuestro propio negocio, ¿en qué los vamos a invertir?
VICENTE:	En la Bolsa, por ejemplo, o en bienes raíces, en algo que no nos implique responsabilidades suplementarias.
ANDRÉS:	Invirtamos en lo que sabemos hacer, hemos adquirido una buena experiencia, conocemos las dificultades, tenemos una clientela, sabemos que el concepto gusta; a mi modo de ver es el momento de crecer.
VICENTE:	¿Pero crecer hacia dónde?
ANDRÉS:	Pues ya te lo he dicho, abriendo una sucursal.
VICENTE:	Esa no es la única manera de crecer. Podemos asociarnos con otros inversores para desarrollar un nuevo negocio.
ANDRÉS:	Es exactamente lo contrario de lo que decías hace un instante.
VICENTE:	Hace un instante he dicho que podíamos invertir en un producto financiero. Pones tu dinero a trabajar solo. No tenemos que ir a buscar clientes, convencerlos de que lo que hacemos es genial, de que damos los mejores servicios, de que somos honestos, de que con nosotros salen ganando.
ANDRÉS:	¡Exacto! Pero asociarse con otros inversores para desarrollar un nuevo negocio es más complicado.
VICENTE:	Escucha lo que te estoy tratando de decir: si la Bolsa o los bienes raíces te asustan, buscas gente que esté llevando adelante un negocio pero que no tenga el capital para hacerlo. Los escuchas, ves si su proyecto es viable y por fin, si te convencen, inviertes en él, pero no para llevarlo adelante; son ellos los conductores del negocio, nosotros somos los capitalistas.
ANDRÉS:	Bueno, tampoco es que tengamos millones.
VICENTE:	Pero recuerda como empezamos. Sin un centavo, con una idea, con ambición y un buen plan, y luego fuimos a buscar dinero, terminamos endeudados con el banco, hipotecamos todos nuestros bienes, y ahora no solamente hemos pagado todas esas deudas, sino que además tenemos beneficios suficientes como para lanzarnos a una nueva inversión. Para mí es evidente que debemos hacer algo con nuestras ganancias; pero no creo que debamos invertirlo en nuestro propio negocio. Invirtamos en el negocio de otro.
ANDRÉS:	A mí me parece que la estrategia más acertada es la de continuar con lo que nos ha dado notoriedad: desarrollemos nuestro producto, propongamos nuevos servicios, nuevos centros de distribución. Si no, la competencia lo hará en nuestro lugar. Anticipemos; ese creo que es el camino adecuado.
VICENTE:	¿Y si esperamos? Dejemos que el tiempo lo decida, el tiempo siempre es buen consejero.

2 Según Vicente y Andrés, ¿qué se debe hacer con los beneficios de la empresa? ¿Cómo lo justifican?

3 Explica con tus propias palabras qué quiere decir Andrés cuando dice: «Anticipemos, ese creo que es el camino adecuado».

4 Explica con tus propias palabras qué quiere decir Vicente cuando dice: «Dejemos que el tiempo lo decida, el tiempo siempre es buen consejero».

5 Andrés y Vicente son socios, pero no dicen en qué consiste su negocio. ¿Qué crees que hacen para vislumbrar la apertura de una sucursal? Justifica tu respuesta.

6 Según tú, ¿dónde deben invertir Vicente y Andrés sus ganancias?

- En la Bolsa.
- En una sucursal.
- En bienes raíces.
- En crear un nuevo negocio.
- En desarrollar los servicios a su clientela actual.
- En la financiación de un nuevo proyecto.
- Otro.

7 Estas son algunas de las estrategias de crecimiento, defínelas explicando cuándo una empresa toma una de estas direcciones.

FUSIÓN CON OTRA EMPRESA	
APERTURA DE UN NUEVO ALMACÉN	
COMPRA DE NUEVOS EQUIPOS	

CONTRATACIÓN DE MÁS PERSONAL	
APERTURA DE UN SERVICIO POSVENTA	
ADQUISICIÓN DE LA EMPRESA COMPETIDORA	

Fíjate en los cambios que provoca el paso del estilo directo al estilo indirecto:

A. Formas verbales, pronombres personales y posesivos.

Estilo directo	Estilo indirecto
Yo creo que ya es hora de abrir una sucursal.	**Dice que** *él cree que ya es hora de abrir una sucursal.*
Nos va bien porque nos hemos concentrado en nuestro negocio.	**Dice que** *les va bien porque se han concentrado en su negocio.*

B. Tiempos y modos

1. Si la oración principal se enuncia en presente, los tiempos y modos no experimentan cambios.

Es exactamente lo contrario de lo que decías...	**Dice que** *es exactamente lo contrario de lo que decía...*
Bueno, tampoco es que tengamos millones.	**Dice que** *bueno, tampoco es que tengan millones.*

Excepción: el **imperativo** pasa a **presente de subjuntivo**:

Pero recuerda cómo empezamos.	**Dice que** *recuerde cómo empezaron.*

2. Si la oración principal se enuncia en **pasado**, la **correspondencia de tiempos** es la siguiente:

Presente → Pretérito imperfecto
Pretérito imperfecto → Pretérito imperfecto
Pretérito perfecto → Pretérito pluscuamperfecto
Pretérito indefinido → Pretérito pluscuamperfecto

Futuro → Condicional
Condicional → Condicional
Imperativo → Imperfecto de subjuntivo

Podemos asociarnos con otros inversores.	**Dijo que** *podían asociarse con otros inversores.*
Hemos adquirido una buena experiencia.	**Dijo que** *habían adquirido una buena experiencia.*
Si no, la competencia lo hará en nuestro lugar.	**Dijo que** *si no, la competencia lo haría en su lugar.*
Invirtamos en lo que sabemos hacer.	**Dijo que** *invirtieran/invirtiesen en lo que sabían hacer.*

¡Cuidado! En caso de empleo del subjuntivo, se aplican las reglas de correspondencia de tiempos:

Bueno, tampoco es que tengamos millones.	**Dijo que** *tampoco era que tuvieran/tuviesen millones.*
Dejemos que el tiempo lo decida.	**Dijo que** *dejaran que el tiempo lo decidiera/decidiese.*

---

8 Transforma las siguientes frases en estilo indirecto.

1. «Creo que hay una gran expectación y espero que la acción vaya bien en Bolsa».
   - **Dice que...**
   - **Dijo que...**

2. «Es posible que la gente gaste menos a corto plazo, lo que quiere decir que las empresas como la nuestra que vivimos del consumo nos veremos afectadas».
   - **Dice que...**
   - **Dijo que...**

3. «Nosotros, en los últimos cinco años, hemos invertido 1,5 millones de euros y, en los próximos años, será una cantidad similar».
   - **Dice que...**
   - **Dijo que...**

4. «Rellene el impreso azul que hay en el mostrador y entréguemelo», me dice el empleado del banco.
   - El empleado del banco... **dice que...**
   - El empleado del banco... **dijo que...**

b Estrategias para triunfar

¿Quién no se ha preguntado alguna vez por la fórmula mágica que haga rentable un negocio o catapulte una empresa hacia el éxito? Una pista para lograr estos objetivos la puede dar la estrategia empresarial.

1 La firma Dyson. Lee el texto.

Hace ya casi tres décadas que el ingeniero James Dyson inventó los aspiradores sin bolsa. Pero antes de convertir su marca en la más conocida del mercado, había pasado por muchos fracasos y desventuras.

«No tengas miedo en arriesgar tu dinero y confía en el futuro de tu idea – dice. Una buena idea requiere apoyo financiero, pero muchas veces los inversores no están dispuestos a asumir riesgos. Yo mismo tuve que invertir todo mi dinero para comercializar mi primera aspiradora sin bolsa cuando vi que, después de 5 años y más de 5000 prototipos, nadie quería comprar la patente.

Si quieres imponerte, sé perseverante. Abrir una empresa es difícil y, en mi opinión, hay demasiadas trabas para los emprendedores. Escucharás un montón de detractores decir que la idea no es buena. No los escuches y sigue tu propio camino. Luego, para innovar, rodéate de jóvenes. Es lo que yo he hecho, ya que siempre he apostado por gente joven, sin experiencia, que esté dispuesta a resolver problemas y que prefiera arriesgarse con sus ideas a aquellas otras con más experiencia y que siempre optan por las decisiones más seguras».

Adaptado de *Emprendedores*

2 Ahora, oralmente, pon en estilo indirecto los consejos del emprendedor, haciendo las transformaciones necesarias y empezando por: James Dyson dijo que…

3 AC Hoteles. Hemos entrevistado a Antonio Catalán, presidente de la cadena hotelera. Aquí tienes lo que nos relató.

Antonio Catalán nos contó que la historia de NH Hoteles se remontaba a 1978, cuando había abierto las puertas de su primer establecimiento, el hotel Ciudad de Pamplona, y que cuatro años después, la hotelera salía de la región de Navarra y daba los primeros pasos de lo que sería una de las primeras cadenas del sector en España.

Luego dijo que no había tardado mucho en poner en marcha su segundo proyecto, AC Hoteles, una vez vendido el primero. En ambos casos había intentado imprimirles un sello diferenciador de lo que existía y se había esforzado para que la cadena emprendiera el viaje hacia su internacionalización.

Así que, fuéramos donde fuéramos, allí donde nos llevara nuestro espíritu aventurero o nuestros compromisos profesionales, allí estaban. Que por eso habían creado más de 80 hoteles AC en España, Italia, Portugal… y que seguían creciendo. También nos dijo que ahora, gracias a la *Joint venture* con Marriott Internacional, les veríamos crecer en Europa y Latinoamérica. Añadió que nos beneficiáramos del programa de fidelización hotelero más grande del mundo, Marriott Rewards, con más de 3600 hoteles en más de 72 países.

Fuente: *www.achotelscorporate.com*

4 Oralmente, pon en estilo directo la historia de AC Hoteles empezando por: «Antonio Catalán explica».

5 Explica con tus propias palabras la trayectoria estratégica de estas dos empresas.

Redes de empresas

1 Lee el siguiente artículo.

LA AGRUPACIÓN DE INTERÉS ECONÓMICO AYUDA A LAS PYMES A COMPETIR CON LAS GRANDES

La creciente mundialización de la actividad económica favorece la concentración empresarial en detrimento de las compañías más pequeñas. Para que estas puedan competir con posibilidades de éxito deberán colaborar con otras que tengan intereses similares.

Las pymes pueden hacerse un hueco competitivo si se integran en redes de empresas, lo que les proporciona más fuerza y mejores herramientas. La agrupación interempresarial permite, sin grandes inversiones, aumentar cuota de mercado o presencia territorial, y mejorar la tecnología y gestión. Y sin perder el control de la propia empresa.

La filosofía de estos acuerdos sería: «Ya no serás mi competencia, sino mi aliado»; o bien: «Ayúdame para que juntos hagamos mejores proyectos de los que realizamos individualmente».

Cómo se crea una AIE

Para constituir una AIE que tenga éxito hay que considerar distintos factores.

La elección de los socios. Es importante que los socios que vayan a formar parte de la AIE tengan un perfil y unos objetivos similares a los nuestros: en filosofía, estilo, rigor y controles de calidad. Y su tamaño: si una empresa es muy grande y otra muy pequeña, el fracaso está asegurado. Además los socios deben tener prestigio y ser apreciados en el sector.

El acuerdo. Por lo general, primero se realiza un acuerdo verbal. Si este funciona, se materializa después jurídicamente. Las AIE son entidades con personalidad jurídica propia que pretenden fomentar la cooperación entre empresas.

Mantener contacto. Para que el acuerdo funcione es necesario mantener a los socios informados y realizar encuentros periódicos. Puede haber, por ejemplo, consejos de administración una vez al mes, asamblea general una vez al año y reuniones regionales cada vez que sean necesarias.

Ante todo, claridad. Una garantía de éxito es establecer los motivos que llevan a la alianza y marcar, a ser posible por escrito, los acuerdos y remuneraciones económicas a las que se llega. Esto evita muchos malentendidos.

Los pros de la agrupación

Posiblemente la mayor ventaja de una AIE sea la de constituir una entidad de un tamaño suficientemente grande como para poder competir con grandes empresas y multinacionales en la captación y retención de clientes. En este sentido, el principal argumento comercial de la agrupación es ofrecer una estructura con una implantación territorial amplia, lo que le permite prestar servicio en otras ciudades.

… Y los contras

En una red de empresas pueden surgir problemas, tanto de tipo cultural como personal. Además, los acuerdos pueden obstaculizarse o incluso anularse porque se obtiene menos de lo esperado –error en las expectativas–; por no respetarse las reglas; por la lentitud en la toma de decisiones o aun por la distancia entre las empresas. Aunque el e-mail y las nuevas tecnologías facilitan la proximidad, en ningún caso pueden sustituir el cara a cara.

Tomado de *Emprendedores*

2 Comenta con tus compañeros los factores necesarios para crear con éxito una agrupación.

3 Resume con tu propias palabras los pros y los contras de las agrupaciones.

29 **4** Empresas asociadas. Escucha la grabación para descubrir cómo se agrupa Hispajuris, una red de abogados. Resúmela y coméntala con tus compañeros.

5 ¿Conoces algunos ejemplos de redes de empresas en tu país? ¿En qué sector?

d Las aerolíneas de bajo coste

1 Lee el siguiente artículo.

Todo el mundo conoce la ventaja de las aerolíneas de bajo precio, pero para poder ofrecer billetes baratos recurren a una serie de trucos que suelen incidir en la calidad del servicio. Al final, el cliente paga, en dinero o en comodidad.

«¡Buenos días señoras y caballeros! Les habla el comandante y les desea la bienvenida a bordo. Pasen, siéntense cómodamente y disfruten de un refresco, a la espera de que despeguemos...» Sobra observar que se trata de un anuncio que se daba hace años, cuando volar se consideraba una experiencia vagamente elitista.

Hoy, viajar en avión es, por lo general, mucho más incómodo que hace una o dos décadas. Pero también mucho más barato. No cabe duda de que las aerolíneas de bajo coste, o *low cost*, son las responsables de ello, y los clientes parecen apreciar los recortes. Según John Hanlon, de la patronal europea de las *low cost* (Eflaa), actualmente operan alrededor del 40% de los vuelos europeos, que serán un 66% en 2020.

Tomado de *Actualidad Económica*

30 **2** Así logra sus precios el bajo coste. Escucha la grabación y haz un resumen de las medidas de ahorro que utilizan las compañías.

Rutas punto a punto	
Costes de personal	
Aeropuertos pequeños	
Flota homogénea	
Servicios reducidos	

CREEMOS Y NEGOCIEMOS

a Estrategias medio ambientales

1 Leed estas dos experiencias.

1. H&M dio a conocer su asociación con **I:CO**, una organización que recolecta ropa y zapatos para reciclaje. La marca ha puesto los contenedores de I:CO en todas sus tiendas en 48 países.

La ventaja del sistema I:CO es que es sumamente fácil de usar porque solamente se depositan las prendas en un contenedor que las pesa y emite un ticket que equivale a un descuento en la próxima compra, aunque la ropa que se haya donado no sea de la misma marca que la de la cadena donde se realiza el proceso.

Cuando el contenedor está lleno, el personal de I:CO pasa a recoger su contenido, y lo lleva a alguna planta de reciclaje local donde pueda procesarse. Según **H&M**, hasta el 95% de la ropa y zapatos que acaban en vertederos de basura podría ser reusada o reciclada para crear todo tipo de cosas, desde juguetes hasta material aislante. I:CO ya tiene presencia en Estados Unidos, Alemania e Inglaterra, y cuenta con otras asociaciones con tiendas de ropa, pero **H&M** llevará este proyecto a un público mucho más amplio, y a países que no tienen la cultura de reciclaje que se vive en Europa y Estados Unidos. Será interesante ver cómo ambas organizaciones lograrán una infraestructura que permita el éxito de esta idea.

2. La empresa estadounidense **Method** anunció en septiembre pasado que crearía envases a partir de plástico reciclado obtenido del océano.

Method es una compañía creada en 2001 con la intención de ofrecer productos de limpieza que no solo sean efectivos, sino también verdes, seguros, bien diseñados y con fragancias naturales agradables. En la actualidad tienen presencia en Estados Unidos (en la popular tienda **Target**), Reino Unido y Australia.

Method creó un plan para recolectar la basura de las playas de California y Hawái y transformar los plásticos encontrados en botellas para sus jabones. Desde que anunció su plan, la empresa ha participado en recolecciones masivas en las costas, cuyo principal objetivo es recoger el plástico antes de que se degrade a partículas más pequeñas.

Por supuesto, este proyecto requiere la colaboración de la compañía que fabrica los envases (**Envision Plastics**), ya que el uso de resinas recicladas crea nuevos problemas de ingeniería. Uno de los resultados es que los empaques son en color gris metálico. **Method** siempre se ha caracterizado por su diseño llamativo, y el gris continúa con esta tradición.

Los productos se lanzarán este otoño, y la empresa espera que su llegada al mercado creará conciencia en sus consumidores sobre el problema de la basura en los océanos del mundo.

Estas iniciativas demuestran que es posible que las empresas privadas hagan una verdadera diferencia en sus productos y consumidores, si se deciden a pensar creativamente y crear soluciones prácticas para los problemas ecológicos de su industria.

Adaptado de *www.masr.com.mx*
(marketing y acciones socialmente responsables)

2 ¿Existen experiencias similares llevadas a cabo por empresas de tu país?

b Consumo responsable

1 El supermercado en línea Shopciable.

Así como muchas empresas quieren ser cada vez más responsables, los consumidores también buscan consumir productos respetuosos del medio ambiente y de las condiciones laborales. Visita el sitio internet www.shopciable.com, es un portal que funciona como intermediario y presenta al comprador 15 categorías de productos (viajes, supermercados, ocio, deportes, telefonía, etc.), así como varias opciones de ONG y causas a las que puede aportar la compra. Una vez elegido el qué y a quién se ayudará, Shopciable redirecciona al usuario a la página oficial del producto, la cual se ha comprometido previamente a donar un porcentaje del costo.

Una vez realizada la compra, el usuario recibe un correo electrónico informando qué porcentaje de su dinero se irá a la causa elegida. En la actualidad, hay más de 150 empresas afiliadas, por lo que es muy probable que se encuentre un producto satisfactorio. Además, la ventaja de Shopciable es que le da más libertad de la común a quien la utiliza, porque no solo se puede elegir la causa, sino que se puede proponer alguna que todavía no esté entre las opciones.

Adaptado de *www.masr.com.mx*

2 ¿Eres un consumidor responsable? Da ejemplos.

▶ 31 🎧 **3** Lamentablemente todavía existen muchas empresas que no respetan el medio ambiente o las condiciones laborales, pero que con sus campañas de publicidad pretenden lo contrario. ¿Sabes que es el *greenwashing*? Escucha la grabación.

4 Busca empresas que a tu modo de pensar hacen *greenwashing*. Explica por qué.

5 Inspirándoos en las experiencias de H&M, Method y Shopciable, y tomando conciencia de los efectos nocivos del *greenwashing* elegid una empresa a la cual proponer una iniciativa que ponga de manifiesto su responsabilidad empresarial, su compromiso con el medio ambiente o cualquier otro proyecto que tenga que ver con sustentabilidad.

Primera etapa. Haced un balance de la situación de la empresa en estos campos.

Segunda etapa. Imaginad una estrategia para mejorar el posicionamiento de esta empresa en RSE (Responsabilidad Social Empresarial), proponiéndole prácticas medioambientales más responsables, la creación de un producto respetuoso, o el patrocinio de causas justas.

Presentad vuestro proyecto y elegid el mejor de todos.

⌐ La negociación

1 ¿Con qué fórmula me asocio con otra empresa?

El señor Manuel Fernández López es director general de una compañía de *software* que desarrolla algunos productos propios y, sobre todo, comercializa en España los programas de otros fabricantes internacionales. Acaba de llegar a un principio de acuerdo con una empresa alemana que ha sacado un producto puntero dirigido a empresas. Se presenta como solución global y en cuanto se implante, las ventas están aseguradas porque es un producto realmente estelar.

Lo que quieren los alemanes es vender su producto. Les da igual la fórmula que se adopte. Pero para el señor Fernández López es un elemento decisivo. Lee sus explicaciones al respecto.

2 Lee el siguiente texto.

Hay dos posibilidades fundamentales. La primera es que nos convirtamos en un simple distribuidor, pagando un tanto por la patente y por la formación que nos darán, lo que en conjunto supone una cifra importante. La gran ventaja de este sistema es que nosotros ya tenemos la infraestructura y el equipo básico –por lo que podemos empezar a trabajar ya– y nos quedamos con el 100% del resultado de nuestro esfuerzo. Los inconvenientes son el precio y que este tipo de contratos siempre tienen algo de provisional: en cualquier momento pueden dejarte tirado y quitarte la licencia para dársela a un competidor tuyo. La segunda posibilidad es crear una sociedad conjunta en la que ellos podrían tener el cuarenta, el cincuenta o el sesenta por ciento. Les da igual. ¿Ventajas? No hay coste de *royalties*, ellos se comprometen a fondo, compartimos la inversión y la formación nos sale gratis. ¿Inconvenientes? Hasta que ingresemos el primer euro, que será como pronto dentro de seis meses, yo tengo que hacer una aportación importante sin contrapartida. La asociación puede tener muchas variantes. Podríamos crear una filial –lo que supondría endeudarnos– o bien constituir una nueva sociedad con nuevas aportaciones de los mismos socios: no sé si estarían muy dispuestos. También cabría la posibilidad de que esta nueva compañía subcontratase el servicio a la empresa ya existente.

Suponiendo que nos asociemos, tampoco tengo claro qué porcentaje nos conviene asumir. Podemos quedarnos con el 40% aceptando que ellos en el fondo tienen el *know-how*, pero es posible que decidan apostar menos por el mercado español y que nos quedemos con un porcentaje mayor.

Si optamos por el 60%, basándonos en que nosotros conocemos el mercado local, también estamos asumiendo mayor riesgo: por mucha fe que tengamos en el producto, en el mundo de la informática siempre hay ponderables; y nosotros mandaríamos en la filial española, no en la central alemana.

El 50% para nosotros y para los alemanes parece muy equitativo pero en caso de discrepancias puede suponer el bloqueo: si nadie cede, no se tomarán decisiones. Quizá ellos puedan permitirse el lujo de ralentizar su apuesta por España, pero con esta operación yo me lo juego todo.

Adaptado de *Actualidad Económica*

3 La reunión con los colaboradores.

Antes de tomar una decisión definitiva, el señor Manuel Fernández López ha planteado el problema a dos de sus colaboradores y van a reunirse hoy para valorar las diferentes opciones y determinarse. En esta reunión participarán el director financiero y el director de marketing.

4 Consignas.

Se divide la clase en tres grupos que van a negociar, o bien tres alumnos que desempeñarán los papeles previstos en la negociación. Para el buen funcionamiento de esta, es imprescindible que cada grupo o alumno la prepare limitándose a las consignas que le corresponden (sea 1, 2 o 3). Durante la reunión cada grupo o alumno deberá escuchar las ideas de los demás sin perder de vista que la discusión debe desembocar en una toma de decisión.

---

1. Tú eres Manuel/Manuela Fernández López, director/a general. Has convocado a dos colaboradores tuyos para conocer su punto de vista sobre una próxima asociación con una empresa alemana. Tú vas a dirigir la reunión y presentar el tema que te preocupa. Te inclinas por la solución de construir una *joint-venture* manteniendo el control. Piensas que en el negocio de las soluciones informáticas, los clientes valoran el nivel de compromiso y continuidad en el servicio. Si la venta está realizada por el fabricante junto al distribuidor, ratificaréis la voluntad de compromiso y continuidad. El esfuerzo económico en la introducción del producto no será mayor. Como distribuidor lo financiáis íntegramente y en la *joint-venture* contaréis con la aportación financiera del socio. Además, minimizáis el riesgo de que el proveedor cambie de distribuidor, una vez hecho el trabajo no rentable de introducir su producto.

Por otra parte, si es indiferente quién aporte el capital a la *joint-venture*, tú piensas que es preciso suscribir la mayoría del capital para ostentar el control. Si el negocio tiene éxito, siempre se podrá vender ulteriormente la parte que os corresponde al socio alemán con una valiosa plusvalía.

---

2. Tú eres Carlos/Carla Gómez Benavente, director/a de marketing. Has sido convocado por tu director general que desea conocer tu punto de vista sobre una próxima asociación con una empresa alemana. Crear una nueva sociedad te parece la mejor alternativa. Además, opinas que vuestra participación debería ser mayoritaria, ya que la capacidad de comercialización del producto y conocimiento del mercado reside en vosotros. La decisión de la empresa alemana, propietaria del producto, de participar en esta nueva compañía lleva implícito un compromiso y una apuesta clara por el mercado español y en la capacidad de desarrollo de negocio por parte de vuestro equipo. Sin embargo, tú piensas que esta opción es compatible con la firma de un acuerdo temporal de distribución, que incluiría el inicio de la formación de los técnicos y de la comercialización de la solución. Permitiría también valorar la capacidad operativa y técnica de la solución y del proveedor, así como de la problemática de adaptación del producto al mercado local. Se podría aportar la inversión en infraestructura y en equipo básico de tu empresa como capital de la nueva sociedad.

Ya que el producto es estelar, según lo que dice tu director general, el riesgo es mayor cuanto más tiempo se tarde en presentarlo al mercado. Por lo que esta opción, en tu opinión, ofrece compromiso, complementariedad, independencia, inversión mínima y máximo desarrollo de los recursos existentes.

---

3. Tú eres Antonio/Antonia Aguilar, director/a financiero/a. Has sido convocado por tu director general que desea conocer tu punto de vista sobre una próxima asociación con una empresa alemana. Tú crees que establecer una sociedad conjunta con la compañía alemana tendría la ventaja de compartir riesgo. Ahora bien, a la hora de elegir la forma jurídica de la sociedad, has pensado en fórmulas en las que las aportaciones iniciales de capital resultan menos elevadas, como una sociedad limitada. Además, para financiar el periodo transitorio hasta la puesta en marcha, la sociedad constituida podría solicitar financiación ajena a una entidad financiera. Incluso algunas ofrecen productos subvencionados para financiar proyectos de interés tecnológico, a los que *a priori*, y sin conocer en profundidad las características específicas del nuevo producto, piensas que la sociedad podía tener acceso. Tratándose de un producto estelar, según las palabras de tu director general, ha de tener un éxito rotundo a corto plazo. Si a esto le añades que la empresa ya comercializa en España los programas de otros fabricantes internacionales desde hace años, podría ser una garantía más que suficiente para el banco.

En cuanto al porcentaje, tú opinas que las asociaciones al 50% resultan complicadas de gestionar cuando no existe una uniformidad en la línea estratégica marcada por cada uno de los socios. Si se apuesta por mantener el control de la sociedad, alternativas como el 51%-49% te parecen más aconsejables.

Adaptado de *Actualidad Económica*

CADA DÍ@ MÁS

a Rumbo al comercio exterior

1 Lee el siguiente artículo.

¿Por qué confortarte con un solo mercado cuando hay muchos? ¿Cómo convertir el comercio exterior en una oportunidad global para emprender?

Diversificar el riesgo, ampliar la facturación de la empresa, alargar la vida útil de un producto, querer importar productos... Hay tantas razones para internacionalizar un negocio como estrategias empresariales. Pero de todos los argumentos, uno marca la urgencia de hacerlo: «Si no sales a por tu cuota de mercado, alguien se hará con ella», afirma rotundo Emilio Carmona, director del Área Internacional del Consejo Superior de Cámaras de Comercio. Y añade que «solo existe un mercado, el global. Todos los mercados domésticos están expuestos a la competencia exterior».

Ten en cuenta que apenas hay diferencias a la hora de vender o comprar en otros mercados. Las reglas son similares: la realización de un producto competitivo, cómo abordar la búsqueda de socios (exportación) o de proveedores (importación), cómo influirá el coste de transporte y logística al precio final o cómo asegurar el cobro o pago.

La internacionalización de tu empresa debe ser fruto de una reflexión madura.

Tanto si vas a importar como a exportar, elabora tu hoja de ruta. Decidir iniciar un proceso de internacionalización porque estamos triunfando en nuestro mercado interno puede ser un buen aliciente. Otros requisitos importantes son elegir bien al primer agente o distribuidor, seleccionar correctamente las ferias, analizar el nuevo mercado para adaptar el producto y/o catálogo.

Todos los recursos, resortes y estructura de la empresa deben vivir la cultura de la exportación. Desde el primer empleado al último y en todos los departamentos. La exportación también implica atender un mayor volumen de ventas. Por tanto, es necesario producir más y con márgenes más estrechos. «En ese proceso debe existir una buena comunicación entre departamentos, una correa de transmisión entre el departamento comercial, productos y logística», explica Emilio Carmona.

Piensa en global. La competencia viene de fuera. Por eso es necesario jugar en el mismo tablero comercial que el resto.

Tomado de *Emprendedores*

2 Analiza los argumentos esgrimidos a favor de la internacionalización.

3 ¿Cuáles son las claves del proceso de internacionalización?

▶ 32 **4** La selección de mercados. Escucha la entrevista a Emilio Carmona, director del Área Internacional del Consejo Superior de Cámaras de Comercio y coméntala con tus compañeros.

▶ 33 **5** Dos modelos de comercio exterior. Escucha la grabación y descubre cómo y por qué dos empresas españolas fueron al exterior. Resume las características de su estrategia.

6 ¿En qué difieren las estrategias de las dos empresas? Comentadlo entre compañeros.

b Los tratados comerciales de Iberoamérica

▶ 34 **1** Escucha la grabación y contesta el siguiente cuestionario.

1. Cualquier tratado comercial permite que los productos circulen sin precisar el pago de
   a. almacenes ☐   b. aranceles ☐   c. acciones ☐
2. ¿Qué país tiene firmado un tratado comercial con EE. UU.?
   a. Honduras ☐   b. Ecuador ☐   c. México ☐
3. ¿En qué año entró en vigor la Alianza del Pacífico?
   a. 2000 ☐   b. 2010 ☐   c. 2012 ☐
4. ¿Qué país no forma parte de la Comunidad Andina?
   a. Venezuela ☐   b. Perú ☐   c. Colombia ☐
5. ¿Qué país se ha integrado recientemente al MERCOSUR?
   a. Brasil ☐   b. Chile ☐   c. Bolivia ☐
6. ¿Qué país es miembro fundador de la Alianza del Pacífico?
   a. Chile ☐   b. Ecuador ☐   c. El Salvador ☐
7. ¿Qué país centroamericano no pertenece al MCCA?
   a. Costa Rica ☐   b. Panamá ☐   c. Guatemala ☐

ANALICEMOS Y PRACTIQUEMOS

a Hoy en dí@

1 **Leed este diálogo.**

HORACIO: Hoy en día, vayas donde vayas, encuentras los mismos productos, los mismos estilos, las mismas modas. Si continuamos así dentro de unos años será difícil distinguir entre un español y un italiano, entre un francés y un canadiense.

BENJAMÍN: Yo estoy de acuerdo, el mundo global está creando una uniformación, y lo peor es que no se trata de una uniformación de los gustos, lo peor es que se trata de una uniformación de las ideas. Si no piensas como la mayoría te vuelves un bicho raro. Incluso los anticonformistas, aunque no lo admiten, son iguales de un país a otro; no digamos los ejecutivos, todos parecen sacados de un mismo molde.

CAROLINA: Es cierto que la globalización tiene sus defectos; y aunque no lo reconozcáis también sus virtudes.

HORACIO: ¿Cuáles?, por ejemplo.

CAROLINA: Una mejor comunicación entre los pueblos, por lo tanto mayor respeto.

BENJAMÍN: Si eso fuese cierto las guerras ya no existirían. Desde que hablamos de globalización, tenemos la impresión de que el mundo se ha vuelto mucho más caótico.

HORACIO: Sí, donde lo que prima es el egoísmo de los más fuertes. No comunicamos para comprendernos, comunicamos para vender mejor. El defecto mayor que yo veo es que la globalización se concentra solo en lo económico, y no en lo humano ni en lo social.

CAROLINA: Yo entiendo que podáis tener críticas, pero ¿qué es lo que pretendéis? ¿Que volvamos al franquismo autárquico? ¡Ojalá eso no nos ocurra nunca! Lo que tiene de bueno España es que está abierta al mundo; la vida ha cambiado en este país gracias al contacto con otras sociedades, con otras mentalidades. Recordad cuando llegaron los primeros biquinis a nuestras playas, si no hubiesen venido los nórdicos, los franceses y los ingleses a pasar las vacaciones en nuestras playas, quizás la transición no habría sido igual.

BENJAMÍN: Pero ninguno de los dos está hablando de aislamiento, lo que decimos es que la globalización no respeta las diferencias, sino que más bien promueve un pensamiento único.

HORACIO: La Europa de los tecnócratas nos quiere prohibir la tauromaquia por considerarla salvaje.

CAROLINA: Es salvaje.

BENJAMÍN: Tú como española no puedes decir eso, puede no gustarte, pero no puedes decir que es salvaje, forma parte de nuestras tradiciones.

CAROLINA: No toda tradición es buena.

HORACIO: No toda modernidad es buena. Mira, de verdad, yo creo que en el mundo de hoy es inevitable la globalización.

CAROLINA: Bien dicho.

HORACIO: Pero se necesita una globalización diferente, más humana; donde los ricos respeten a los pobres, los negros a los blancos, los católicos a los musulmanes.

CAROLINA: Todos deseamos que haya libertad, democracia; ese es el sentido de la globalización, que todos los habitantes de la tierra tengan acceso a los mismos derechos.

BENJAMÍN: No es verdad, la globalización como la entienden nuestros gobernantes ha sido concebida para favorecer los intercambios comerciales, nada más.

2 ¿Cuáles son según Horacio, Carolina y Benjamín las virtudes y defectos de la globalización?

3 ¿Con cuáles de estas afirmaciones estás de acuerdo?

	Sí	No
1. El mundo global está creando una uniformidad.	☐	☐
2. Si no piensas como la mayoría te vuelves un bicho raro.	☐	☐
3. Todos los ejecutivos parecen sacados de un mismo molde.	☐	☐
4. La globalización favorece una mejor comunicación entre los pueblos.	☐	☐
5. En el mundo actual, lo que prima es el egoísmo de los más fuertes.	☐	☐
6. La globalización debería hacer hincapié en lo social y lo humano.	☐	☐
7. La globalización favorece los intercambios económicos.	☐	☐
8. Gracias a la globalización respetamos más las diferencias.	☐	☐

4 Compara tus respuestas con las de tus compañeros y debatid sobre estos temas.

5 Explica las siguientes ideas.

- No toda tradición es buena.
- No toda modernidad es buena.

6 ¿Cuál es el efecto de la globalización en la economía de tu país?

7 ¡A por Europa! Completa el siguiente texto conjugando los verbos en el tiempo de indicativo o de subjuntivo que requiera el contexto.

¡Bien, Antonio, muy bien! Me gusta mucho tu proyecto y te propongo que (venir) 1 _____ conmigo la semana que viene a presentarlo en Ginebra. Dile a mi secretaria que te (sacar) 2 _____ un billete: vamos y volvemos en el día; prepáralo todo. Está bien que alguna vez el presidente te (llevar) 3 _____ de paseo...

¡Qué (tener) 4 _____ suerte! –me dijo mi secretaria el día anterior al viaje– y añadió: «Oye, todos entendemos que (estar) 5 _____ nervioso con eso de que (irse) 6 _____ de viaje con el presidente y de que (tratarse) 7 _____ de una presentación a los jefazos europeos, en inglés, y todo eso, pero la verdad es que nos (dar) 8 _____ una semanita...».

No lo había pensado desde este punto de vista, y aunque me (sentar) 9 _____ muy mal, no fue este el único pensamiento que me (impedir) 10 _____ pegar ojo aquella noche. ¡Y menos mal que el que tenía que intervenir (ser) 11 _____ el presidente!

Al día siguiente y a la hora concertada, nos encontramos en Barajas, en el mostrador de embarque. Presentamos los billetes. Cuando el empleado nos pidió que le (entregar) 12 _____ el DNI, al presidente se le cambiaron el gesto y el color. Buscó agitado en los bolsillos. Era inútil, pero miraba y volvía a mirar mientras yo pensaba: «¡Ojalá lo (encontrar) 13 _____!».

– Pues te vas tú solo –me dijo.
– Pero...
– Ni pero ni nada. Te presentas, me disculpas y, (pasar) 14 _____ lo que (pasar) 15 _____, lo cuentas tú todo.

Algo más tarde, empecé a recuperar la conciencia en pleno vuelo. Deseé que el avión (estrellarse) 16 _____ o que unos piratas nos (secuestrar) 17 _____. ¿Cómo contar todo aquello? ¡Y en inglés! Pensé en dimitir, en fingir alguna enfermedad incapacitante. La azafata, preocupada, se acercó a mí por si necesitaba algo...

Unas once horas después regresé en el mismo avión, con la misma tripulación. La reunión no había sido mal. Con tantos europeos de tantos países mi inglés no era el peor. Aunque yo (ser) 18 _____ el más remiso, mis ideas gustaron y el director europeo me felicitó. La azafata me reconoció y aprovechó un momento para saludarme:
– ¿Todo bien?
– Sí, ahora sí, gracias a Dios.
– Me alegró, y no crea, que hay muchos españoles que (ir) 19 _____ así, atemorizados como usted esta mañana, a reunirse con sus colegas europeos y luego vuelven que da gusto verles, como usted ahora, convencidos de que nosotros no (tener) 20 _____ nada que envidiar.
¡Cuánta razón!

Tomado de *Actualidad Económica*

8 ¿Cómo reaccionarías si estuvieras en una situación similar? ¿Cuáles son las bazas de Ambrosio? ¿Y las tuyas?

9 ¿Qué idiomas hablan en Suiza? ¿Y en Ginebra? ¿Cuál es el idioma de la presentación? ¿Por qué? Coméntalo con tus compañeros de clase.

10 Y tú, ¿cuáles son los idiomas que hablas o estudias? ¿Por qué?

11 Olife, el aceite de oliva virgen. Completa el siguiente texto eligiendo la forma verbal más apropiada.

No (1) *contaban / contaron* con planes de expansión internacional, «porque cuando empiezas lo importante es el día a día», dice Gabriel Cortina, gerente de la empresa familiar **Olife**, fundada por su suegro Jaime Bonilla y dedicada a producir y vender aceite de oliva virgen. Sin embargo, sí (2) *tenían / tuvieron* cintura para replantear su estrategia. «(3) *Producíamos / Produjimos* aceite para cooperativas. Después (4) *veíamos / vimos* la oportunidad de venderlo. Es un sector que o internacionalizas o terminas vendiendo a granel».

No (5) *conocían / conocieron* el mercado desde el punto de vista de la comercialización. «Porque una cosa es gestionar una plantilla de jornaleros, que mantiene los olivos, recoge la cosecha y la lleva a la almazara y, otra bien distinta, es acudir a ferias, hacer ofertas, desarrollar un canal de ventas, formar tu equipo comercial, etc. Primero, (6) *hacíamos / hicimos* el producto y una filosofía de marca y luego lo (7) *lanzábamos / lanzamos*, en lugar de hacerlo al revés: primero estudiar bien el mercado, ver por

dónde entrar y adaptarse a él. Paradójicamente, (8) *conseguíamos / conseguimos* un producto muy bueno, de gran aceptación, pero nos (9) *encontrábamos / encontramos* con un mercado muy grande y de difícil acceso.

Nuestro fallo (10) *era / fue* no analizar bien esto y ser muy optimistas. (11) *Estábamos / Estuvimos* convencidos de que nuestro aceite (12) *era / fue* el mejor. «(13) *Aprendíamos / Aprendimos*», reconoce Cortina, que dirige esta empresa de Jaén junto con su cuñado José Bonilla. (14) *Decidían / Decidieron* dar un giro de 180 grados a su estrategia y (15) *sabían / supieron* anticiparse.

«Con un mercado estudiado en profundidad, con una previsión financiera rigurosa y con una buena aceptación internacional, hemos hecho un producto nuevo, Señorío de Jaén, orientado al mercado del lujo, del regalo y del diseño. Es una botella única en el mercado, serigrafiada 360 grados en oro». Y ya se exporta a EE. UU., Rusia, Reino Unido y Alemania.

Tomado de *Emprendedores*

12 ¿En qué difieren la producción del aceite de oliva y su comercialización? ¿Cuáles son los requisitos en ambos casos?

13 Explica cómo los dirigentes de Olife consiguieron replantear su estrategia hacia el mercado internacional.

b La marca España

1 Lee este artículo de Javier Santiso, profesor de economía de ESADE y fundador de Start Up Spain.

Tenemos un gran país. Tenemos que convencernos de ello. España es conocida en el mundo por su sol y playa, la alegría de La Roja, la rivalidad del Real y el Barça. Sueño, sin embargo, con un país que también se dé a conocer al mundo entero por sus empresas y sus emprendedores, su creación e innovación, su gastronomía y su tecnología.

Destruyamos los mitos que se han creado sobre España. Nos dicen que no hay empresas globales. Nada más alejado de la realidad: la mayoría del Ibex 35 ya tiene el grueso de ingresos en mercados internacionales. Es más, la única empresa multinacional europea creada después de los años setenta que se ha incorporado al Forbes 500 es... española (Inditex). ¿Sabemos, dentro y fuera del país, que Alemania ha elegido para su sistema de control de tráfico aéreo a una empresa española (Indra)? ¿Que los molinos de viento en Escocia y el aeropuerto de Londres, el mayor de Europa, los llevan multinacionales españolas (de la mano de Iberdrola y de Ferrovial, respectivamente)? ¿Que es un consorcio industrial también español el que construirá la primera línea férrea de alta velocidad en Oriente Próximo?

A menudo nos dicen –otro mito– que no tenemos empresas tecnológicas. ¿Sabemos que existen hoy en día dos empresas españolas que se incorporaron al Nasdaq (Grifols y Abengoa, ambas líderes mundiales en sus sectores)? ¿Que una de las mayores operadoras de telecomunicaciones del mundo, la más internacionalizada, integrada en el *top 100* mundial de las empresas que más apuestan por la I+D, según la consultora americana Booz, es española (Telefónica)? ¿Sabemos que una de las mayores *startups* de Europa por facturación está en España (la barcelonesa Odigeo, una agencia de viajes on-line)? Sueño con una España alegre que sigue pasmando al mundo con su sol y su playa, sus ciudades y las goleadas de sus jugadores. Sueño también con un país que nos pasma con sus empresas y sus emprendedores. Un país que propulse su marca, dentro y fuera, como una *startup nation*.

Tomado de *El País*

2 ¿Cuáles son las empresas mencionadas en el texto que ya conocías? Explica por qué.

3 ¿Cuál es el sueño del autor del artículo? ¿Qué te parece a ti?

▶ 35 **4** Zara, con fama mundial pero sin patria. Escucha la grabación e indica si las afirmaciones son verdaderas o falsas.

	V	F
1. Zara es la primera marca creada por el Grupo Inditex.	☐	☐
2. Los clientes de Zara compran porque conocen el origen de la marca.	☐	☐
3. Las dos cadenas de moda, Zara y Mango, son catalanas.	☐	☐
4. La estrategia internacional de las empresas mencionadas en el texto estriba en el impacto comercial de su país.	☐	☐
5. El cometido del Foro de Marcas Renombradas Españolas es puramente internacional.	☐	☐
6. Según Miguel Otero, España tiene una imagen de calidad desvalorada.	☐	☐
7. Varias empresas implantadas en el exterior adaptan su nombre al país de acogida.	☐	☐
8. En su página web, el Grupo Inditex hace hincapié en su origen gallego.	☐	☐
9. También subraya el hecho de contar con siete marcas.	☐	☐
10. La apertura de la primera tienda Zara coincidió más o menos con la llegada de la democracia en España.	☐	☐

5 Las marcas de Inditex. Acudid al sitio de Inditex: en la rúbrica «Quiénes somos» pulsad en «Cadenas» para obtener información y haced una presentación de cada una de las marcas.

¿Quién es quién en las marcas españolas?

1 Empresas punteras. Relaciona cada una de estas marcas españolas con el producto o el servicio que le corresponde.

	Producto o servicio	Producto o servicio	
DRAGADOS	1. Compañía de transporte	13. Calzado	REPSOL
SOLAN DE CABRAS	2. Servicios bancarios y financieros	14. Construcción	Applus⊕
LLADRÓ	3. Vino y brandy	15. Electricidad y gas natural	ADOLFO DOMINGUEZ
1880	4. Material eléctrico y electrónico	16. Coches y circuitos de juguete	Carbonell
Natura Bissé Barcelona	5. Telecomunicaciones	17. Jamón de Jabugo	simon
el caballo	6. Moda y complementos	18. Cava	TOUS
SCALEXTRIC	7. Hidrocarburos	19. Porcelana artística	JAZZTEL
Zeltia	8. Seguros	20. Cerveza	SEUR
OSBORNE	9. Joyas y complementos	21. Artículos de piel	PIKOLINOS
5J	10. Aceite de oliva, vinagre y aceitunas	22. Productos cosméticos	MAPFRE
Banesto	11. Certificación tecnológica	23. Agua mineral	Freixenet
endesa	12. Sector farmacéutico	24. Turrones	mahou

2 ¿Cuáles son las empresas de tu país que quieres dar a conocer a tus compañeros?

CREEMOS Y NEGOCIEMOS

a Mercados emergentes

¿INDIA, CHINA O BRASIL?

Tres gigantes que siguen creciendo y cuyas necesidades parecen inagotables. ¿Cuál de estos mercados privilegiar en el momento de invertir o de buscar un proveedor? ¿Dónde ir para asistir a una feria? ¿Qué estrategias comerciales se deben aplicar? ¿Cuáles son las técnicas de negociación útiles? ¿Qué imagen tienen estos mercados en tu país? Con el objetivo de responder a estas y otras preguntas, los directivos de tu empresa te han pedido un expediente detallado sobre cada uno de estos países y sus posibilidades de negocios.

▶ 36 **1** Lee los artículos y escucha la grabación sobre la experiencia española en estos mercados.

Cómo hacer negocios en China

Aún no son muchas, apenas 600, pero cada poco se une alguna más. Son las empresas españolas que han decidido irse a China y cuentan con presencia local en un país que está pasando de fábrica a mercado del mundo, de productor de bajo coste a gigantesco consumidor de productos y servicios. Colarse en este mercado supone una oportunidad que ninguna compañía quiere perderse pero pocas saben cómo abordar. Es el reto de muchos directivos de pymes y grandes firmas españolas: aterrizar con éxito en la segunda economía del planeta.

Los que ya lo han intentado coinciden, es un lugar tan complejo como parece, tan inmenso como sus cifras. Mientras el PIB de la eurozona está estancado, el de China sigue creciendo. El país asiático recibe más del 10% de toda la inversión directa extranjera en el mundo y supone un mercado potencial de 1300 millones de consumidores.

Aterrizar con la estrategia adecuada es el primer paso y quizás el más complejo. «Es la pregunta del millón, si venir solos, si aliarse con un socio local... no hay una respuesta única. Depende del marco normativo», dice Francisco Soler, responsable de la oficina de **Garrigues** en Shanghái. La firma española de abogados lleva en Asia desde 2005 y, a diferencia de **Indra**, que realiza un 90% de su trabajo para clientes locales, **Garrigues** asesora principalmente a empresas extranjeras sobre cómo instalarse allí. Es fundamental una investigación previa del sistema, lo que permitirá una mejor estrategia para desembarcar.

Sobre el terreno todo es diferente, empezando por la forma de entender los negocios. «Los directivos chinos no suelen confiar en nadie fuera de su entorno cercano, son oportunistas. Por eso crear lazos de amistad con clientes potenciales es un requisito previo tan importante. En Occidente una relación de negocios puede dar lugar a una amistad personal. En China es justo al revés», asegura Michael Witt, profesor de INSEAD, especializado en negocios y gestión en Asia. Esta idiosincrasia hace que los tiempos de negociación sean mucho más largos que en Europa y las empresas chinas más jerárquicas.

Nadie conoce mejor estas claves que los propios empleados chinos. De ahí la importancia de contratar talento local cualificado, otro de los grandes obstáculos. La competencia por ciertos perfiles locales, como ingenieros, comerciales y directivos de marketing con conocimientos de inglés y experiencia internacional, ha disparado los salarios y el nivel de rotación. Para retenerlos, hay que involucrarlos en la empresa, en la gestión y, sobre todo, pagarles bien. Aun así, obreros no cualificados cobran un 80% o un 85% menos que en Europa; cargos medios entre un 25% y un 30% menos.

Para las pymes, el grueso de compañías españolas asentadas hoy en China, la clave es contratar representantes comerciales sólidos y de confianza. Con un producto o servicio diferenciado y el personal adecuado, las oportunidades de negocio son casi inagotables. «En tres años ya generamos un 25% de nuestra facturación allí, con picos de hasta un 40%. Y todo con clientes locales», dice Ramón Martínez, director de estrategia de **Stimulo**, una pequeña empresa especializada en diseño de equipos de iluminación y electrónica, que trabaja para una decena de clientes chinos, entre ellos AD Lighting, uno de los principales fabricantes del país.

Aspectos como saber lidiar con la burocracia y la Administración o conocer los procesos legales para combatir la copia de productos y la corrupción son otros capítulos fundamentales en el manual del directivo expatriado en China. Un manual que, según Francisco Soler, debe contemplar también capacidad de adaptación y apertura mental. ¿Y el idioma? «No es indispensable, pero te sacará de unos cuantos apuros».

Adaptado de *www.elpais.com*

Cómo hacer negocios en India

La llegada a la India ha sido lenta y tardía, pero en el último lustro casi se ha triplicado la implantación de empresas españolas en este emergente gigante asiático, y las expectativas están en alza.

Hoy el 'made in Spain' se ve en vagones de metro de la capital o en carreteras y tendidos eléctricos de ciudades indias; en el país se puede mojar pan en aceites de oliva o tomar vinos de reconocido sabor, y los vientos del sur son peinados por molinos españoles. Tras registrar en la última década el crecimiento más alto de su historia, la India se abre ahora a una mayor liberalización económica y necesita un impulso en infraestructuras para no perder el hilo en un contexto global difícil.

Esta situación, unida al agotamiento del mercado interno español y al estancamiento de otros tradicionales, está animando a que cada vez más empresas españolas se decidan por el país de Nehru y Gandhi para hacer negocios.

Según datos de la oficina comercial de España en Nueva Delhi (ICEX), las primeras empresas españolas aterrizaron en la segunda mitad de los 90, aunque la verdadera eclosión sucedió a partir de 2008, año que coincide con el estallido de la crisis financiera.

Entonces había 80 compañías en la India, actualmente hay unas 200. En este periodo España ha multiplicado por cinco la inversión frente a los ocho años anteriores, situándose en el puesto 12 de la clasificación por países por delante de Italia, Australia o Canadá.

El sector de la automoción rompió el hielo pero la ola inversora reciente se caracteriza por su diversidad. Desde la alimentación a la electrónica, pasando por el químico, las infraestructuras, la cerámica y las energías renovables, mientras que otros sectores como las franquicias y el hostelero todavía están casi sin explorar.

Isolux, **Gamesa** o **Borges** se han convertido en nombres habituales en el país, casi referentes en sus ámbitos, y el tirón está animando a muchas pequeñas y medianas empresas, que también ven un gran potencial en las magnitudes de la India.

Hay emprendedores como Jordi Castellà, que junto a un socio se ha lanzado a montar una firma que pretende «dar acceso a electricidad» a gente de zonas rurales que carece de ella mediante sistemas de generación renovables, principalmente solar.

En su caso el proyecto tiene un componente social, aunque la mayoría de las veces el destino de la empresa española suele ser la clase media-alta del país asiático.

Con una creciente capacidad de consumo y gustos más occidentalizados, este público puede ir de los 50 a los 300 millones de personas según el producto o servicio.

«Es un mercado enorme, con ciudades enormes y bastante fiel en cuanto te posicionas. Se puede crecer muchísimo», valora Doménech.

No obstante, la entrada en la India puede crear «desgaste», según algunos emprendedores españoles. La estrategia de penetración es crucial en un país con una veintena de lenguas vernáculas, una temida burocracia y marcadas diferencias sociales y culturales. Según el ranking «Doing Business» del Banco Mundial este gigante ocupa el puesto 132 de 185 en cuanto a facilidades para hacer negocios y solo en diez países resulta más arduo comenzar un proyecto. El proceso liberalizador no ha sido rápido, pero la desaceleración del PIB, tras años creciendo casi por inercia, ha llevado ahora al Gobierno indio a apostar con más firmeza por abrir sectores al capital extranjero: comercio minorista multimarca, seguros o pensiones, los más recientes.

Si bien las relaciones bilaterales se han disparado, los 1100 millones de dólares invertidos por España en los últimos doce años y los 4500 millones de dólares de intercambio comercial representan apenas un 0,65 % y un 1 % del total en la India, respectivamente.

Adaptado de *www.lavanguardia.com*

Cómo hacer negocios en Brasil

SpainGlobal (el portal para el talento español en el mundo) ha entrevistado a Nuria Pont, directora ejecutiva de la Cámara Oficial Española de Comercio en Brasil con sede en São Paulo, quien comenta las perspectivas del mercado brasileño, la imagen de España, así como su experiencia como expatriada. Escuchen la entrevista.

2 Basándose en los artículos y en la grabación, haz una lista de las fortalezas, debilidades y oportunidades de cada mercado.

3 Investiga con mayor detalle las características de estos tres países, así como las relaciones comerciales que mantiene tu país con ellos.

4 Escribe un expediente con estas y otras informaciones que encuentres proponiendo una inversión en uno de estos tres mercados.

Bhārat Gaṇarājya Republic of India República de la India	
Capital	Nueva Delhi 28º 34' N 77º 12' E
Ciudad más poblada	Bombay
Gentilicio	indio/a e hindú
Forma de gobierno	República federal democrática parlamentaria
Superficie • Total • % agua	Puesto 7.º 3 287 595 km² 9,5
Fronteras	14 103 km
Población total • Censo • Densidad	Puesto 2.º 1 241 492 000 hab. 355 hab./km²
PIB (PPA) • Total (2009)	Puesto 4.º US$ 3 752 032 millones
PIB (nominal) • Total (2009) • PIB per cápita	Puesto 12.º US$ 1 237 billones US$ 1 032
Moneda	Rupia india (Rp., INR)
Miembro de: ONU, SAARC, Mancomunidad de Naciones	

' 中华人民共和国 Zhōnghuá Rénmín Gònghéguó República Popular China	
Capital	Pekín
Ciudad más poblada	Shanghái
Idioma oficial	Chino mandarín
Gentilicio	chino/a
Forma de gobierno	Estado socialista República popular
Superficie • Total • % agua	Puesto 4.º 9 897 961 km² 2,8
Fronteras	22 117 km
Población total • Censo • Densidad	Puesto 1.º 1 343 239 923 (2/julio/2012) hab. 140 hab./km²
PIB (PPA) • Total (2013)	Puesto 2.º US$ 13 374 billones
PIB (nominal) • Total (2013) • PIB per cápita	Puesto 2.º US$ 8939 billones US$ 6569
Moneda	Yuan chino (CNY)
Miembro de: BRICS, ONU, APEC, OMC G-8+5, G-20	

República Federativa do Brasil República Federativa del Brasil	
Capital	Brasilia
Ciudad más poblada	São Paulo
Idioma oficial	Portugués
Gentilicio	brasileño/a, brasilero/a
Forma de gobierno	República federal presidencial
Superficie • Total • % agua	Puesto 5.º 8 514 877 km² 0,65%
Fronteras	14 691 km
Población total • Censo • Densidad	Puersto 6.º 201 032 714 hab. (2013) 23,61 hab./km²
PIB (PPA) • Total (2011)	Puesto 6.º US$ 2 293 803 mil mill.
PIB (nominal) • Total (2011) • PIB per cápita	Puesto 6.º US$ 2 421 637 mill. US$ 12 339
Moneda	Real (R$, BRL)
Miembro de: ONU, OEA, CSN, Unasur, CPLP, Mercosur, G8+5, G-20, Grupo de Río, BRICS	

Extraído de *www.es.wikipedia.org*

Gestión de conflictos

CADA DÍ@ MÁS

a La oficina más ecológica

▶ 37 **1** Disminución de costes energéticos en la empresa. Escucha la grabación y rellena el siguiente cuadro.

	Consejos	Medidas	Ahorros de energía
Traslados			
Equipos de oficina			
El papel			
Iluminación			
Calefacción			
Aire acondicionado			
Agua			

2 ¿Se te ocurren otras medidas que permitan ahorrar energía? ¿Cuáles?

b Pensar en verde

1 Opiniones de ecologistas. Leed estas afirmaciones y comentadlas entre compañeros.

a. Hoy el movimiento ecologista tiene menos función que antes, en cuanto que en la mayoría de la conciencia de los ciudadanos ya está la sostenibilidad; prácticamente todo el mundo es ecologista por convicción.

b. Al celebrar el Día del Ecologista me horroriza pensar que la ecología podría empezar a marcar tendencia en nuestro país, porque la moda viene y se va, pero los problemas quedan. No hay que hacerse ilusiones, creyendo que la naturaleza es eterna, ni siquiera nuestros hijos llegarán a disfrutarla si no paramos. No necesitamos que la ecología se ponga de moda, simplemente que nos dejen hacer lo necesario.

c. Invertir en medio ambiente es invertir en futuro, y si no miren ustedes las numerosas empresas creadas alrededor de este concepto: reciclaje de papel, vidrio, plástico, energía eólica, solar, los nuevos autos menos contaminantes, etc.

d. Creo que la evolución del ecologismo se debe a un cambio de preocupaciones. Se pasa de la pre-ocupación científica a una preocupación social. Esa es la base del ecologismo moderno.

e. ¿Qué habría sido de España sin el trabajo de los ecologistas? Hemos parado los desmanes contra el medio ambiente. Sin nuestro trabajo no quedaría un trozo de playa virgen ni una ribera libre. ¿Cuántas carreteras y embalses habría? ¿Cuánto destrozo urbanístico se habría producido?

f. Las organizaciones no crecen en número de socios y cuesta aceptar el compromiso de luchar por algo y perder las comodidades. Queremos que la montaña esté limpia y bonita, pero que la carretera llegue hasta la cima.

Tomado de *Cambio 16*

---

2 Las 'Vías verdes'. Descubre nuevas ideas de negocio rellenando el texto con las siguientes palabras.

a. idiomas	e. programa	i. vinculados	m. oportunidad
b. actividad	f. organizar	j. rural	n. ocio
c. ambiental	g. recorrido	k. estaciones	ñ. estudio
d. generar	h. nichos	l. desarrollados	

Nuevos recorridos de vías verdes y 1 _____ de mercado desatendidos abren oportunidades en el campo del turismo sostenible especializado.

Hace algunos meses nos encontramos con esta noticia: «Comienzan las obras de la vía verde Móstoles-Almorox»... y se nos ocurrió que a lo mejor había alguna 2 _____ de negocio vinculada a las vías verdes, trazados ferroviarios *resucitados* para el turismo 3 _____. Resulta que hasta ahora 1800 kilómetros han sido ya reconvertidos y todavía quedan 6000 kilómetros por recuperar. El objetivo del 4 _____ Vías de Empleo Verde de la Fundación de los Ferrocarriles Españoles es 5 _____ empleo y diversificar la 6 _____ empresarial. Que alguien que gestione una casa rural sepa que, por ejemplo, también puede alquilar bicis. Que la empresa de cicloturismo no solo alquile la bicicleta, sino que además vaya a recogerte al final del 7 _____ puesto que las vías suelen tener alrededor de 40 kilómetros.

¿Cuáles son las demás posibilidades de negocio? Básicamente, todo tipo de negocios 8 _____

al ecoturismo, haciendo hincapié en el concepto de servicio. Eso sí, te toca a ti hacer el 9 _____ de mercado sobre el terreno. Ahora bien, para darte algunas pistas, piensa en los negocios de turismo activo como son el senderismo o el turismo ecuestre. Imagina que, además de las casas rurales, también se pueden reformar antiguas 10 _____ de ferrocarril como alojamiento o restaurante. Sin olvidar las posibles actividades de educación 11 _____ o de venta de productos locales. Existen además otros tipos de negocios menos 12 _____ como el turismo ornitológico y el agroturismo. O también, como hay muchas vías cercanas a zonas de olivos, se pueden 13 _____ visitas a almazaras y catas de aceite. Finalmente, dado el auge del turismo rural, a nosotros se nos ocurre otra idea de negocio que sería el comercio on-line en otros 14 _____. ¿Por qué no una web de contratación de paquetes de 15 _____ en vías verdes en alemán o en francés?

Tomado de *Emprendedores*

---

3 ¿Es necesario pensar en verde? ¿Por qué?

ANALICEMOS Y PRACTIQUEMOS

a Hoy en dí@

1 Leed este diálogo.

GLORIA:	No es tanto por que la cambiaran de puesto sino más bien por cómo se lo dijeron.
CLAUDIA:	Pero nosotros, ¿qué podemos hacer? Son ellos quienes siempre tienen la última palabra.
GLORIA:	Hay que decirles que no estamos de acuerdo. Debemos apoyar a la señora Gonzaga. Es una de las empleadas más antiguas de la empresa y no se merece ese trato. Casi era mejor que la despidieran.
PEDRO:	Todos la apoyamos… moralmente. Pero yo no sabría qué hacer.
GLORIA:	Enviemos una comitiva a hablar con la dirección.
CRISTINA:	¿Y si recurrimos al sindicato? Para apoyarnos en estos casos es para lo que está, ¿o no?
GLORIA:	Para este tipo de líos es mejor no meter al sindicato, en cuanto vean a los representantes de los empleados se van a imaginar que utilizamos ese pretexto para armar un conflicto con ellos.
PEDRO:	Yo estoy de acuerdo, vamos a verlos como compañeros de trabajo de la señora Gonzaga. La fusión ha generado problemas más importantes por lo que creo que es mejor darle tiempo al tiempo.
CRISTINA:	Ellos deben darse cuenta de que nosotros también tenemos una cultura de empresa y que una fusión no significa arrasar con todo lo hecho anteriormente. Significa más bien juntar las dos experiencias empresariales para duplicar nuestras fuerzas.
CLAUDIA:	En la realidad ocurre todo lo contrario. En las fusiones siempre hay una empresa dominante, la que va a dar las pautas de la nueva entidad. Y en nuestro caso, son ellos los que han tomado las riendas del negocio. Lo de la señora Gonzaga es un detalle más.
GLORIA:	Cuanto haya que despedir a una parte del personal, seremos nosotros los primeros en la lista de salida. No se fijarán en las competencias de cada uno, se querrán quedar con su gente.
PEDRO:	Es cierto. Fue cuando nuestro director perdió su puesto cuando debimos movilizarnos.
CLAUDIA:	Verdad, pero nuestro director ya consiguió otro empleo. Los directores pocas veces salen perdiendo.
CRISTINA:	¿Quiénes de los nuestros han conservado puestos de responsabilidad como nos habían prometido?
GLORIA:	Casi ninguno. Debemos estar atentos, después de la señora Gonzaga, la próxima víctima será uno de nosotros, por cualquier motivo. ¿No me van a decir que el pretexto que han utilizado para cambiarla de puesto es aceptable?
PEDRO:	Por supuesto que no. Esto es lo que no podemos admitir y por eso estamos charlando, porque a todos nos parece una aberración.
CRISTINA:	Además ella es eficiente, y no lo digo yo, son los propios clientes quienes lo han dicho. Uno de ellos me comentó que hasta estaría dispuesto a firmar una petición.
GLORIA:	Así es como debemos actuar. Hagamos firmar una petición y llevémosla al DRH.
CLAUDIA:	¿Una petición? ¿Diciendo qué?
GLORIA:	Que queremos que la reintegren en su puesto.
PEDRO:	Además porque los motivos que han conducido a su traslado nos parecen poco éticos.
CRISTINA:	Y porque consideramos que en su puesto anterior es donde tiene que seguir estando.
CLAUDIA:	¿Alguien le ha preguntado a la señora Gonzaga lo que piensa?
GLORIA:	Lo más seguro es que esté de acuerdo. Pero propongo que alguien hable con ella y luego decidamos.

2 Enumera las soluciones propuestas para interceder por la señora Gonzaga ante la dirección y di cuál de estas te parece a ti mejor y por qué.

▶ 38 **3** Escucha la entrevista que una de las compañeras ha tenido con la señora Gonzaga y di por qué ha sido transferida de puesto.

4 ¿Qué piensas de lo ocurrido en esta empresa? Coméntalo con tus compañeros.

5 Cómo manejar un despido sin afectar el clima laboral. Lee este artículo.

El despido y/o recorte de personal son acciones naturales de toda empresa y, por lo general, se hacen de manera abrupta y sin una conversación auténtica y comprometida con el bienestar y éxito del empleado, además del poco o nulo conocimiento y discusión con el resto de la organización sobre esto. Por ello, es importante saber cómo manejar un despido y no afectar negativamente el clima laboral, ya que es previsible el descontento general y el sentimiento de injusticia que provocará la acción si esta no es manejada adecuadamente.

Toda empresa desea que sus empleados generen logros sobresalientes, los cuales son resultado de las acciones que toman según la percepción que tienen de sí mismos, la motivación que reciben de sus jefes o el clima laboral existente en la empresa; sin embargo, su percepción tras un despido puede afectarse de manera negativa y sus acciones estarán relacionadas a ello. Así, su desagrado puede resumirse en el dicho «ustedes hacen como que me pagan y yo hago como que trabajo».

Un despido tiende a generar miedo y a crear una percepción negativa en los empleados lo que puede desembocar en resultados poco favorecedores dentro de la firma. Pero existen maneras más adecuadas de manejar esta sensible situación y acercarnos a los empleados para generar una percepción positiva en ellos.

Tomado de *www.altonivel.com.mx*

6 ¿Por qué estas acciones son necesarias en un proceso de despido?

1. Comunicarle al empleado la decisión con la mayor antelación posible.
2. Tener una conversación auténtica y comprometida con el empleado que va a ser despedido.
3. Reconocer al empleado por la labor realizada en la empresa.
4. Apoyar al colaborador en su transición a la siguiente etapa laboral.
5. Comunicar al resto de la organización la decisión tomada.

¡Así es como pasa! Completa el texto con los siguientes pronombres o adverbios relativos precedidos de una preposición cuando haga falta.

quien/quienes • el/la/los/las que • lo que • cuando • donde • como • por que

La jefa

– Esta decisión que se ha tomado es 1 _____ va a levantar ampollas.

– Hombre, tampoco es para tanto. María tiene un buen currículum como cualquiera de vosotros.

– A mí es 2 _____ menos atañe. Jorge y Manolo llevan aquí mucho más tiempo que yo y bastante más que ella; creo que son ellos 3 _____ han hecho méritos sobrados para ese ascenso.

– ¿No tendrás miedo a que te mande una mujer?

– ¿Yo? ¡No! ¿Es que acaso en tu casa mandas tú? Fue una salida destemplada para una provocación poco afortunada. Pero al volver a mi mesa fue 4 _____ empecé a pensar que quizás tuviera razón. Nunca había pensado en la igualdad de oportunidades de la mujer en el trabajo. Seguramente porque no soy una mujer. Así era 5 _____ yo veía las cosas: la igualdad consistía en tratar por igual a mis colaboradores, sin plantearme si eran mujeres u hombres. Pero un día parece que la igualdad no es solo 6 _____ tú gestionas, es también algo 7 _____ estás metido. Pensar en ello te afecta y te desconcierta enormemente. Yo era 8 _____ apostaba por Manolo y a lo mejor me molestaba equivocarme, reconocer que no había contemplado siquiera la posibilidad de que la promocionada fuera María.

En cuanto corrió el primer rumor, fue 9 _____ se escucharon también los primeros comentarios sibilinos: «Estaba claro, como no tenemos ninguna mujer directiva y los franceses han puesto eso de las cuotas, pues ¡hala! a la primera mujer que pasa se la hace jefe... Es 10 _____ poner un florero en el comité de dirección...».

Pensando en estas cosas fue 11 _____ llamaron a mi despacho. Era ella:

– ¿Cómo te lo has tomado?

– No sé, estoy un poco desconcertado. Y no creas que es 12 _____ creyera que el puesto era para mí, aunque me imagino que siempre hay algo de eso. Bueno, siempre te hemos considerado como uno más. Tú eras 13 _____ lo decía muchas veces: no os cortéis, si ya parezco Mario en lugar de María.

– Sí, es que decís cada burrada... Pero sería absurdo que yo ahora, por el hecho de ser jefa, fuera 14 _____ quisiera ser más hombre que nadie, que me comportara como un 'milmacho', que perdiera lo que una mujer puede aportar a un puesto directivo.

– Oye: ¿es cierto que hay tanta discriminación? ¿Te has sentido muy discriminada?

– ¿Discriminada? No. En el fondo la discriminación es un abuso de los que se creen fuertes frente a los que se consideran débiles. En el trabajo no es 15 _____ lo siento más. No es cuestión de sexo; los ricos discriminan a los pobres... Se discrimina a cualquiera que está en una posición de inferioridad. Yo nunca he dejado que nadie pudiera pensar que soy débil: sería mentira.

Y tanto.

Tomado de *Actualidad Económica*

Fíjate en las formas generalizadoras del diálogo:

*Son ellos **quienes** siempre tienen la última palabra.*
*son los propios clientes **quienes** me lo han dicho.*
*son ellos **los que** han tomado las riendas del negocio.*
*Esto es **lo que** no podemos admitir...*
*Para apoyarnos en estos casos es **para lo que** está, ¿o no?*

*Fue cuando nuestro director perdió su puesto **cuando** debimos movilizarnos.*
*En su puesto anterior es **(en) donde** tiene que seguir estando.*
*Así es **como** debemos actuar.*
*No es tanto **por que** la cambiaron de puesto...*

Relativos utilizados:
quien/quienes (personas)
el/la/los/las que (personas o cosas)
lo que (conceptos)
+ **preposición** que introduce el complemento

Subordinadas introducidas por:

cuando → el tiempo
donde → el lugar
para expresar
como → el modo
por que → la causa

> *Fue* cuando nuestro director perdió su puesto cuando *debimos* movilizarnos.

> **El tiempo del verbo *ser* suele coincidir con el de la oración relativa o subordinada.**

8 ¿Cuál es el estatuto de la mujer trabajadora en tu país? ¿Existe una igualdad de oportunidades de la mujer en el trabajo? ¿Qué opinas de las cuotas?

9 ¿Estás de acuerdo con la definición que da María de la discriminación al final del texto? Coméntala con tus compañeros de clase.

10 Si sigo mi ética, hay mucho riesgo. Completa el siguiente texto con los verbos *ser* o *estar*.

Procuro 1 _____ coherente con mis principios, lo que no siempre 2 _____ fácil. Me han dicho muchas veces que 3 _____ chapado a la antigua. O como un elogio: «Tú 4 _____ un caballero», o como un insulto: «Vives en la Edad Media». 5 _____ socio de un compañero de carrera. Hemos montado una tienda de regalos que 6 _____ a orillas del mar. 7 _____ una profesión con unas normas deontológicas claras. Además, he intentado siempre inculcar a mis colegas unas arraigadas convicciones morales y de la ética en los negocios. En general me ha ido bien, y sobre todo me ha generado enormes satisfacciones personales.

Uno de mis principios particulares 8 _____ no aceptar propuestas de compañías que comercializan productos que pongan en grave riesgo la salud. No me refiero a las armas o a fábricas con condiciones de trabajo infrahumanas, sino al tabaco. Considero que 9 _____ perjudicial para la salud.

El problema surge cuando las convicciones teóricas se enfrentan con la vida real, como ahora. Mi socio acaba de 10 _____ contactado por una firma que comercializa tabaco. Me ha planteado el problema. Le he pedido unos días para estudiar su solicitud, sin explicarle mi reticencia.

Los ingresos pueden 11 _____ elevados y aunque para mí no 12 _____ lo más importante, nos vendría muy bien porque 13 _____ viviendo una situación económica crítica. Si esto no mejora, en un par de meses lo pasaremos mal. ¿He de renunciar a mis convicciones? 14 _____ decir, no sé si 15 _____ peor colaborar con la venta de tabaco que arriesgar el sueldo de nuestra dependienta, que se acaba de casar y 16 _____ embarazada. Pero si cambias tus principios según las circunstancias, has dado un primer paso en la dirección equivocada. Sé que tengo que hablar con mi socio. ¿Entenderá la situación si le explico que en esto 17 _____ objetor de conciencia? 18 _____ convencido de que en el futuro lo que ahora 19 _____ solo preocupación mía formará parte de la reputación corporativa. Me parece una buena estrategia adelantarse a lo que sucederá avanzado el siglo XXI. Pero también me pregunto si no 20 _____ un caballero que vive en la Edad Media.

Adaptado de *Actualidad Económica*

11 En tu opinión, ¿merece la pena correr riesgos en su actividad profesional por valores personales?

12 ¿Se te ocurren ejemplos similares? Cuéntaselo a tus compañeros.

Ꮟ Las condiciones laborales

1 ¿Qué piensan los empleados de sus empresas? Lee el siguiente texto.

El reciente estudio elaborado por Towers Watson nos acerca a conocer mejor el compromiso de los empleados con sus empresas y cómo perciben la evolución del mercado laboral. Las conclusiones del *Global Workforce Study* revelan que la motivación del empleado está cambiando y que valora, más que nunca, la solidez de la empresa, así como un liderazgo eficaz en el que confiar para llevar a la compañía a «buen puerto».

En primer lugar, solo un 33% piensa que la Alta Dirección de su empresa tiene sincero interés en el bienestar de los empleados. Luego, de sus jefes valoran su capacidad para generar confianza y credibilidad; su administración financiera del negocio; una gestión adecuada de los talentos; su capacidad para liderar el cambio; su cercanía con los empleados. Se echa de menos un liderazgo más confiable y cercano.

Sin embargo, parece que los empleados siguen refugiándose en la estabilidad y seguridad de tener un puesto de trabajo, ya que un 46% no tiene intención de dejar su empresa, aunque se le ofrezca un trabajo similar en otra compañía. De hecho, el 53 % de la muestra preferiría trabajar para la misma empresa toda la vida. Es decir que se da la prioridad a la estabilidad por encima de variables como, por ejemplo, el desarrollo profesional.

Por primera vez en España, la retribución impacta en el compromiso del empleado: las empresas deben encontrar formas creativas de compensar. Esto no significa que los empleados pidan un salario mayor, sino que deben introducirse nuevos mecanismos de flexibilidad en el trabajo como elemento de compensación adicional. Un 48% piensa que no existe una correlación entre su salario y sus funciones, y un 42% opina que no se les compensa adecuadamente.

Tanto en Europa como en España, los empleados sufren de «estrés» en su trabajo. En nuestro país casi la mitad de la muestra dice sufrir excesiva presión en su trabajo (49%), lo que refleja un claro incremento en los niveles de estrés. Este porcentaje se encuentra por encima de la media europea, donde solo un 35% siente presión excesiva en su trabajo. Es también significativo que los empleados españoles piensen que la situación no mejorará en el corto plazo con respecto a los niveles de estrés y cargas de trabajo.

El estudio de Towers Watson ha sido realizado en 29 países sobre una muestra de 33 000 empleados.

Fuente: *www.towerswatson.com*

2 Haz, según el texto, un retrato del jefe ideal en el que sueñan los españoles.

3 ¿Qué aspectos son los más valorados por los empleados españoles?

▶ 39 **4** Según el estudio de Work & Life Balance, de Creade y Esade, la empresa actual genera más estrés. Escucha la grabación y apunta los cuatro motivos que se subrayan en el estudio. Comentadlos entre compañeros.

5 Principales fuentes de estrés laboral. A continuación se enumeran las más importantes. Sigue escuchando la grabación, identifícalas, resúmelas y coméntalas según la importancia que les atribuyas.

6 ¿Qué es el *mobbing*?

7 Políticas de prevención. Ignacio Urbelz, director de Relaciones Institucionales de Hewlett Packard, pone de realce las medidas adoptadas por su empresa. Escúchalo y responde a las preguntas.

¿Quiénes son las personas afectadas por el estrés?
¿Cuáles son las medidas adoptadas por la empresa?

8 ¿Qué es la «adicción al trabajo»?

9 Debate: entre estas medidas y otras que se os ocurran, decid cuáles son las más o menos eficaces para aportar a los profesionales un equilibrio en todos los ámbitos.

CREEMOS Y NEGOCIEMOS

a Malas prácticas en Recursos Humanos

Muchas empresas desarrollan todavía prácticas nocivas que convierten a los trabajadores en víctimas de una mala gestión. A la larga, esas actuaciones acarrean grandes pérdidas a las compañías que las toleran o fomentan. No todos estos casos, tomados de la revista **Emprendedores,** corresponden, según los expertos, a planteamientos deliberados o a una estrategia empresarial consciente. En muchas ocasiones, estos comportamientos responden a una planificación deficiente de la organización del trabajo o son patologías laborales surgidas en la empresa. Según el experto en *management* Peter F. Drucker, la aportación más importante de la gestión en el siglo XX fue multiplicar por 50 la productividad del trabajador manual en la fabricación. El reto para el siglo XXI, según él, será conseguir un aumento parecido en la productividad del trabajo del conocimiento. Y ello exigirá que el trabajador del conocimiento desee trabajar en nuestra empresa y no en otra de la competencia. Un gran reto para empresarios y responsables de Recursos Humanos.

Tomado de *www.aedipe.es* (Asociación Española de Dirección y Desarrollo de Personas)

 42 **1** Lee los casos y plantea las soluciones posibles. Compáralas con tus compañeros y después escucha la opinión de los expertos, a ver si corresponden o no con tus ideas.

1. Generar expectativas que luego no van a cumplirse

Contratar a un talento usando como gancho promesas irreales sobre sus funciones o salario es un grave error. ¿Su consecuencia? Descontento, inquietud y huida de la empresa. Una caja de ahorros del norte de España incorporó a cincuenta jóvenes recién titulados, después de mucho tiempo sin haber contratado a nadie. Durante el proceso de incorporación, sus superiores les decían que iban a ser los agentes del cambio, que a ellos les correspondía la tarea de revolucionar la empresa. Se esperaba de ellos, entre otras cosas, que tuvieran muchísima orientación comercial hacia el cliente y una mayor capacidad de gestión de la cuenta de resultados. Finalmente, fueron asignados a sus posiciones y, unos meses más tarde, o estaban integrados en la cultura de poca exigencia de la caja o se habían ido. Les habían estado lanzando mensajes para que, desde abajo, fueran un revulsivo, pero no se les dio el poder ni la capacidad de influencia para que pudieran hacerlo. El resultado de esta mala práctica es una rotación no deseada dentro de la organización.

2. Saltarse el conducto reglamentario

El director de Recursos Humanos de una empresa del sector automovilístico llevaba un tiempo preocupado porque las cosas no marchaban bien. Parecía que allí cada uno iba por su cuenta y decidió solicitar la ayuda de una consultora de Recursos Humanos especializada en formación. Finalmente contrató un curso de trabajo en equipo, porque consideró que ese era el problema que tenían sus empleados. Después de varias horas de entrenamiento, el formador se dio cuenta de que la situación no se correspondía exactamente con lo que el director de Recursos Humanos pensaba. Estando el director general en la sala, los responsables de otros departamentos empezaron a exponer algunas quejas. El director comercial comentó que el director general, seguramente con su mejor voluntad, establecía directamente con los comerciales los planes de venta, con lo que se lo saltaba a él en la jerarquía de la organización. Lo mismo le ocurría a la directora financiera y a algunos otros directores de área de la empresa. Estaba claro que la solución al conflicto que se vivía allí no era un curso de trabajo en equipo, sino que el director general dejara de asumir un papel equivocado.

3. Crear bancos de talento discriminatorios

En una compañía de telecomunicaciones se crearon bancos de talento con jóvenes de perfil profesional muy alto, provenientes de importantes escuelas de negocio. El objetivo de este banco de talento era formar a jóvenes de alto potencial para que, con el tiempo, se convirtieran en los directivos de la organización. El primer paso fue darles más formación y mayores oportunidades que al resto de los empleados. En la empresa se hablaba de ellos como los elegidos para el futuro cambio. El resto de trabajadores, cuya edad media estaba en torno a los cuarenta años y recibían una formación diferente, mucho más tradicional, se sintieron discriminados.

La situación derivó en un conflicto que llevó a la suspensión del programa.

Fuente: *Emprendedores*.
Especial Nº 100. www.emprendedores.es

2 ¿Has conocido situaciones conflictivas? ¿Cómo las has enfrentado? Coméntalas con tus compañeros.

b Estrategias familiares

1 Lee estos textos.

Corona

La empresa, que ya va en la cuarta generación, escogió un modelo de independencia familia-negocio que ha funcionado.

La familia Echavarría es tal vez el mejor ejemplo de organización de empresas familiares, y uno de los clanes que tiene más experiencia en el tema, ya que lleva más de 10 años trabajándolo. El protocolo establece que los miembros de la familia no pueden estar en la nómina de las empresas ni en cargos ejecutivos, salvo en casos específicos de entrenamiento para posiciones en juntas directivas. También establece que las familias políticas no intervendrán en los asuntos familia-empresa. Dentro del modelo que utilizan, hay tres grandes instancias: asamblea de familia, consejo de familia y directores externos.

En la asamblea participan todas las ramas de la familia y todos los integrantes de las mismas, incluidos los jóvenes. Se reúne por lo menos una vez al año (los únicos que no asisten son los miembros de la familia política). En ella se enteran del funcionamiento de los negocios y escogen los directores de familia, que participan en el consejo familiar, y los directores externos, que conforman la junta directiva del *holding*.

Este consejo es el responsable de fijar las normas y las reglas de juego entre la familia y los negocios. Opera permanentemente, no tienen ningún tipo de remuneración ni relación con la empresa. El periodo de los directores de familia oscila entre 3 y 5 años.

Grupo Caicedo

Las relaciones en el grupo Caicedo siempre se han manejado por códigos no escritos. En la actualidad, se manejan por medio de acuerdos a los que llega la tercera generación. Ahora, las empresas del grupo tienen alrededor de 120 accionistas.

Don Hernando Caicedo les dejó a sus cuatro hijos (Belisario, Álvaro H., Jaime e Irma) y a su sobrino los ingenios Riopaila y Central Castilla, y la fábrica de dulces Colombina.

Sin embargo, los movimientos de accionarios de la década de los 80 y de 1996 llevaron a que dos ramas familiares se quedaran con Colombina, y tres con los ingenios. Los Caicedo no tienen un protocolo familiar que los rija, pero se caracterizan porque ningún miembro de la familia participa en la administración directa de las empresas. Esta regla familiar surgió a principios de los 70, pero ahora hay algunas ramas que pretenden que se flexibilice.

Desde el punto de vista del funcionamiento de las empresas, se vio la necesidad de contar con la presencia de miembros externos en la junta.

Además, en los dos últimos años hubo relevo en el mando de los negocios. Tanto en los ingenios como en la fábrica Colombina se reemplazó a sus presidentes que llevaban en el cargo desde hacía muchísimos años.

La tercera generación sabe que es necesario formalizar las relaciones familia-empresa, pero todavía no se ha tomado una decisión.

Tomado de *www.dinero.com*

2 Establece las diferencias que encuentres entre las estrategias que utilizan estas empresas para manejar las relaciones familia-negocio.

3 Responde sí o no.

	Sí	No
1. ¿Te parece normal que el hijo del dueño herede la dirección de la empresa de su padre?	☐	☐
2. A mí no se me ocurriría crear una empresa con miembros de mi familia.	☐	☐
3. A mí me encantaría trabajar con mi padre.	☐	☐
4. No sería capaz de entrar en conflicto con mi familia por cuestiones de dinero.	☐	☐
5. Las empresas familiares son anacrónicas en el mundo globalizado.	☐	☐

4 ¿Con cuál de estas estrategias te identificas más? Explícaselo a tus compañeros de clase. Compara tus respuestas con las de tus compañeros y debatid sobre estos temas.

5 Busca empresas familiares que conozcas y preséntalas a la clase.

El caso Gustavo Córdova

1 Sois miembros de una consultora a quienes os ha llegado el caso del señor Gustavo Córdova. Dos expertos de la consultora van a participar en una reunión para tratar de encontrar la mejor solución al dilema familiar. Leed este caso.

Hace tres años, el señor Córdova se jubiló dejando a su hijo al cargo de la empresa que había creado hacía treinta años, durante los cuales el negocio siempre fructificó. Al cumplir los 65 decidió retirarse y desde entonces ha dejado que el hijo administre la empresa a su manera, aunque nunca haya demostrado cualidades para hacerlo. Su hijo no fue un gran estudiante e hizo una carrera de Administración de Empresas corta y poco brillante. Los resultados de su gestión son desastrosos. El hijo ha apostado por un nuevo producto con mayor valor añadido, pero sale tan caro producirlo que es imposible que algún día gane dinero. Además al hijo parece habérsele subido el cargo de director a la cabeza y se pasa el tiempo viajando, en *business class* por supuesto, yendo a los mejores hoteles, participando en seminarios de formación dudosamente eficaces. Al hijo le gusta más figurar que trabajar.

2 Consignas.

Tú eres el Sr./Sra. Jurado y crees que lo mejor es contratar a un experto de fuera. Piensas que el momento profesional del Sr. Córdova ya ha pasado pero que no debe permitir que su negocio naufrague. Nunca es bueno volver a recorrer un camino, sobre todo cuando ya se ha tomado otro. Aunque le duela reconocerlo, aunque sienta temor o miedo al fracaso, la mejor aportación que puede realizar es seleccionar a un profesional externo con experiencia en el sector y, en segunda instancia, transmitirle todo su conocimiento del negocio. Las empresas familiares suelen morir en la transición a la segunda generación y la única forma de aumentar su longevidad pasa por incorporar profesionales capaces de aportar nuevos modos de dirección dentro de una estructura de capital típicamente familiar. Consideras además que el Sr. Córdova debe dedicarle tiempo a su empresa, pero únicamente el necesario para garantizar que el nuevo director general la conozca tan bien como él. De este modo, habrá sentado las bases para la continuidad del negocio. Piensa que debe concederle una última oportunidad a su hijo, comunicándole inequívocamente que no puede cometer más errores, si quiere conservar su patrimonio. Con el tiempo quizás el hijo pueda codirigir la empresa, por el momento darle un cargo representativo, apartándole de la gestión del día a día.

Tú eres el Sr./Sra. Palacios y piensas que el Sr. Córdova debe volver a la empresa y despedir a su hijo. Según tú, no tiene más remedio que retomar las riendas durante una temporada y despedir al hijo como directivo. La promoción del hijo a la dirección general fue un error, dado que las predicciones de formación, administración y laboriosidad, eran absolutamente malas y la realidad de su gestión –naturalmente– ha sido pésima. Pero la edad del Sr. Córdova, cerca de los setenta años, exige tomar serias precauciones al verse prácticamente obligado a dar con la solución correcta. Ha de buscar, evaluar y seleccionar un gestor profesional absolutamente adecuado a la realidad de la empresa y a la problemática de su entorno que lo pueda acompañar en este nuevo proceso. El objetivo final es el de volver a poner a flote la empresa para luego venderla de tal manera que el capital no se pierda ni para él ni para su hijo.

Adaptado de *Actualidad Económica*

3 Durante la reunión exponed vuestras opiniones, tratando de encontrar vuestros puntos en común y poniendo en evidencia las diferencias. Luego, deberéis encontrar una táctica común y exponérsela al Sr. Córdova.

Retos y éxitos de la empresa

CADA DÍ@ MÁS

a La historia de un gran éxito

▶ 43 **1** **Paradores de Turismo. Escucha la grabación y apunta los datos relativos a la empresa.**

La empresa en cifras: Tipo de Sociedad:
Número de empleados:
Número de establecimientos:
Plazas hoteleras:
Media de habitaciones por establecimiento:

2 **Cronología de un imperio. Ordena estos párrafos para conocer la historia de esta gran empresa.**

a. En la época de la transición española se planteó una amplia reestructuración y se revisaron los criterios de explotación para mejorar la rentabilidad. **Paradores** es entonces escenario de actos tan importantes como la elaboración del borrador de la Constitución en el Parador de Gredos en 1978 o la firma del anteproyecto del estatuto de Cataluña en el Parador de Vic el mismo año.

b. Corría el año 1910 cuando el gobierno encargó al Marqués de la Vega Inclán el proyecto de crear una estructura hotelera, por aquel entonces prácticamente inexistente en el país, que diera hospedaje a los excursionistas y mejorara la imagen internacional de España.

c. Sin embargo, el mayor proceso expansivo se produjo en la década de los 60, coincidiendo con el importante auge turístico que vivió el país. Fue una época también marcada por el desarrollo de infraestructuras como carreteras, ferrocarriles, aeropuertos, puertos... En esos años, la Red de Paradores pasó de 40 a 83 establecimientos.

d. En la actualidad, **Paradores** conjuga tradición con vanguardia y desarrolla nuevas políticas estratégicas: una apuesta clara por las políticas ambientales, una fuerte inversión en la renovación de la Red, el desarrollo de iniciativas de I+D, la implantación de nuevas tecnologías y la potenciación de la calidad como principal premisa del servicio hotelero ofrecido por la cadena.

e. La coyuntura de los felices años veinte, los resultados de la primera gestión y la inminente Exposición Iberoamericana de 1929 afianzaron el proyecto y animaron a la construcción de nuevos paradores en edificios monumentales, como los inaugurados en Oropesa (1930), Ciudad Rodrigo (1931) o Mérida (1933), entre otros.

f. La idea entusiasmó al Rey Alfonso XIII, quien personalmente eligió el emplazamiento. En agosto de ese mismo año comenzaron las obras que se culminaron el 9 de octubre de 1928 con la inauguración, por él mismo, del que se convertiría en el primer establecimiento de la posterior red de Paradores de España, el Parador de Gredos.

g. La Guerra Civil significó, naturalmente, no solo un estancamiento sino un retroceso para el turismo. Algunas de las infraestructuras de la Red fueron dañadas o utilizadas como hospitales, pero una vez terminada la contienda, se afianzó la idea y se ofreció un nuevo impulso con la restauración y reapertura de los paradores existentes.

h. Con la llegada de los 90, **Paradores** vive un cambio fundamental. El 18 de enero de 1991 se constituye la sociedad anónima, **Paradores de Turismo de España, S.A.** El objetivo es hacer de la cadena hotelera una empresa rentable que se sirva exclusivamente de sus propios beneficios para mantenimiento y explotación de la Red.

i. Durante el periodo posterior a la guerra se crearon Paradores con diversos fines, entre otros para potenciar los atractivos turísticos del país. La conversión del Convento de San Francisco de Granada, situado en el corazón del recinto de la Alhambra, hoy uno de los Paradores más atractivos, tuvo lugar en esos años (1945).

j. Inaugurado este primer establecimiento, se constituye la «Junta de Paradores y Hosterías del Reino» y los esfuerzos se encaminan a perfeccionar la idea original y servirse de escogidos monumentos histórico-artísticos y parajes de gran belleza natural para instalar nuevos Paradores.

l. En los 80 entran a formar parte de la Red de Paradores algunos hoteles de la cadena pública **Entursa**. Entre ellos, establecimientos tan emblemáticos como el Hostal de los Reyes Católicos (Santiago) y el Hostal de San Marcos (León). Ambos han mantenido durante todos estos años su categoría de hotel de cinco estrellas gran lujo.

k. En 1926, siguiendo este proyecto y desde la Comisaría Regia de Turismo creada en 1911, De la Vega Inclán impulsó la construcción de un alojamiento en la sierra de Gredos, que abriese al turismo las maravillas del paisaje de este lugar.

Fuente: *www.parador.es*

3 ¿Existe en tu país una cadena hotelera semejante? Cuéntaselo a tus compañeros.

ANALICEMOS Y PRACTIQUEMOS

a Hoy en dí@

1 Leed este diálogo.

FELIPE: Cuando tengas mi edad te podrás dar cuenta de que una vida profesional está llena de altibajos, de frustraciones, de dificultades y de vez en cuando de éxitos.

JUANA: Pero tú pareces haber vivido más éxitos que fracasos.

FELIPE: Es probable que ahora la imagen que transmita sea la de una persona feliz, como si no hubiese vivido dificultades, angustias, temores, y tanto mejor. No me hubiese gustado llegar a mi edad lleno de amargura. Creo que es el deseo de la mayor parte de las personas; alcanzar en un momento cierta tranquilidad. Pero tú sabes que en el mundo en el que vivimos eso no siempre se logra. Hay mucha gente que busca toda su vida sin encontrar el camino, y cuando llega al fin parecería que nunca hubiese comenzado.

JUANA: Cuando llegue a tus años a mí también me gustaría estar tranquila, satisfecha de la vida.

FELIPE: Cuando hayas empezado tu vida profesional te darás cuenta de que no todo es tan complicado.

JUANA: ¿De qué es de lo que más te enorgulleces?

FELIPE: De lo que más satisfecho estoy es de mi familia. Y de eso es difícil darse cuenta hasta que tienes una.

JUANA: ¿De nosotros?

FELIPE: Pues sí, te puedo parecer un viejo tonto diciendo esto, pero es la verdad. ¿Qué sería de mi fortuna si no os tuviera a vosotros? Sería poca cosa. Estoy contento de que mis esfuerzos puedan ser aprovechados por mis seres queridos, y a través de vosotros por las personas que os rodean.

JUANA: En ocasiones tuve la impresión de que preferías tu trabajo.

FELIPE: Hice lo que pude. A veces, estuve ausente, demasiado quizás, pero lo hice porque en ese momento creí que era importante dedicarme con mucha pasión a mi trabajo; cuando me alejaba demasiado había como luces intermitentes que se encendía a mi alrededor anunciándome que ya iba siendo hora de ponerle freno a mi ímpetu laboral. Las malas notas de uno de vosotros en el colegio, la irritación, el fastidio, los reclamos, las quejas de unos u otros. ¿Sabes?, cuando empecé a soñar en el trabajo, me di cuenta de que me estaba dedicando demasiado a él y que debía cambiar de ritmo.

JUANA: ¿Ahora lo harías de otra manera?

FELIPE: No sé. Yo viví en una época de euforia para todos nosotros. Cuando murió Franco tenía treinta años y ante nosotros surgió un estilo de vida completamente diferente, unos desafíos enormes, una lucha que había que ganar, porque después de Franco no construir algo nuevo, algo verdaderamente grande, hubiese significado que no valíamos como pueblo. Yo creo que muchos de nosotros sentimos algo similar, por eso nos lanzamos al trabajo con una energía de titanes y con mucha ilusión. En mi caso, ya había empezado a formar una familia y no tuve tiempo de escoger entre hacer una familia o construir una carrera profesional. La tasa de natalidad española seguía siendo alta cuando yo me hice adulto. Ahora es diferente, a vosotros os ha dado por decidir entre lo uno o lo otro y ya veis las consecuencias.

JUANA: Bueno, hasta que no lo viva no sé cómo voy a reaccionar. Aunque sí quiero tener hijos, pero no cuatro como tú. ¿Te imaginas?, cuatro niños y tanto trabajo. Con lo que cuesta todo...

2 Busca en el diálogo las frases que revelan la relación entre Juana y Felipe.

3 ¿En qué momentos del texto crees que se habla de diferencias generacionales?

4 ¿Qué significa para ti «buscar toda la vida un camino»?

5 Para ti, ¿triunfar en la vida es tener éxito en el trabajo? Coméntalo con tus compañeros de clase.

6 Pon en orden de importancia estos consejos para tener éxito en el mundo del trabajo.

- Busca siempre tener ideas novedosas, acordes con la sociedad.
- Tienes que tener una excelente formación académica y no olvidarte de que uno aprende toda la vida.
- Si tus valores humanos son muy fuertes, podrás evitar desilusiones y fracasos.
- No pienses solamente en tu beneficio, piensa también en los otros, ellos te lo devolverán si algún día tienes problemas.
- No olvides que en la vida lo más importante son la familia, los amigos. Una vida afectiva equilibrada te conducirá a una vida profesional equilibrada.
- No aceptes jamás acciones inmorales. Una ética inquebrantable te conducirá muy lejos.
- Una vida laboral es muy larga, no te estanques en el primer trabajo que encuentres. Atrévete a cambiar.

7 Según Felipe, ¿por qué los de su generación tenían tantas ganas de triunfar?

8 Observa esta foto, representa uno de los momentos más importantes de la transición. ¿Qué sabes de este periodo histórico en España? Coméntalo en clase.

9 Hagamos un estudio de la transición española. Para ello, solo tienes que pedir en tu buscador «transición española» y aparecerán muchos sitios dedicados a este tema. Prepara una presentación para la clase.

10 Un reto comercial. Completa el texto conjugando los siguientes verbos en indicativo o subjuntivo según convenga.

acceder	aumentar	conseguir	encontrar	resultar
hacer	ir	llegar	poder	ser
posicionarse	producir	proponer	reducir	suministrar

Cuando hace unos años 1 _____ colocar nuestros productos a una cadena de supermercados, lo consideramos un gran paso adelante. Para nosotros –que, al lado de otros competidores con gran tradición, somos casi unos recién llegados al mercado– era como alcanzar la mayoría de edad. Creíamos que mientras 2 _____ a esos lineales nos permitiría disparar las ventas –en kilos más que en facturación, porque el margen era muy ajustado– y así fue.

Con el tiempo experimentamos algo que ya conocíamos: no todo el monte es orégano. En mi vida había visto a alguien más 'pesetero' que las grandes superficies. Cuando les 3 _____ para negociar la renovación anual del contrato sales desesperado. Antes de que 4 _____ tu precio, te meten tal presión por disminuirlo que se lo negarías si no 5 _____ porque, en el fondo, te compensa. Hay que reconocer que saben vender.

Ahora nos sugieren que les 6 _____ nuestras lentejas con su propia marca. Nos dicen que en cuanto lo 7 _____ podremos multiplicar las ventas y que mientras 8 _____ satisfacer su propuesta, confiarán en nuestra capacidad logística y en nuestra calidad. Pero así como para nosotros la calidad es un objetivo –esa ha sido nuestra clave cuando 9 _____ en el mercado–, ellos la consideran un punto de partida: su prioridad es ofrecer precios bajos. Lo que nos proponen es mantener en sus estanterías con nuestra marca los productos de máxima calidad, y presentar con su nombre nuestra línea más baja.

Cuando lo han estudiado los diferentes departamentos, 10 _____ a la conclusión que, en principio, nos puede interesar. El que pone más pegas es el responsable de producción, y no le faltan motivos. Ahora ya es un lío armonizar en la fábrica la elaboración de productos –lentejas, alubias, garbanzos– de diferentes calidades. Si, cuando 11 _____ la marca blanca, nuestra línea más baja se dispara, podremos tener problemas de capacidad en nuestro producto estrella, y no está claro que el margen que obtendremos 12 _____ suficiente para ampliar capacidad, dice el responsable de finanzas. En cambio el comercial parece encantado: él lo que ve es que, según 13 _____ produciendo más, incrementaremos el volumen de ventas.

Yo no acabo de verlo claro. A mi juicio, no es un problema de cifras sino de estrategia y de riesgo. Si entramos en la batalla de precios, en cuanto 14 _____ las ventas la gran superficie puede exigirnos que 15 _____ el margen. Además, ya son muy frecuentes los fabricantes que únicamente producen marcas blancas y cualquier día pueden aparecer competidores en nuestro productos.

Adaptado de *Actualidad Económica*

11 En tu opinión, ¿tiene la empresa que lanzarse a vender con marca blanca?

12 Y tú, ¿qué tipo de productos sueles comprar? ¿Por qué?

> **Fíjate en estos ejemplos de oraciones temporales del diálogo:**
>
> *Cuando **tengas** mi edad…*
> *Cuando **llegue** a tus años…*
> *Cuando **hayas empezado** tu vida profesional…*
>
> *Hasta que no lo **viva** no sé cómo voy a reaccionar.*
>
> *Y cuando **llega** al fin…*
> *Cuando **empezaba** a soñar con el trabajo…*
> *Cuando **murió** Franco tenía treinta años…*
> *Cuando yo me **hice** adulto…*
>
> *Es difícil darse cuenta hasta que **tienes** una (familia).*
>
> **Se usa el subjuntivo cuando la acción expresada por el verbo es anticipada o futura.**
>
> **Se usa el indicativo cuando la acción expresada por el verbo es experimentada.**

13 Conceptos de tiendas sin explotar. Lee el siguiente texto eligiendo la forma verbal más apropiada.

Cuando *hablamos / hablemos* 1 _____ sobre oportunidades en comercio cabe recordar algo bastante obvio: que las oportunidades en este segmento *dependen / dependan* 2 _____ de cada lugar. Y que cualquier negocio por tradicional o por sencillo que *es / sea* 3 _____ sigue siendo una oportunidad si hay un hueco real en el barrio donde lo *vamos / vayamos* 4 _____ a montar. ¿Cómo triunfar en barrios con una gran oferta y competencia? ¿Qué tienen de especial los comercios que *triunfan / triunfen* 5 _____ en las calles principales de las ciudades?

Lo primero de todo, han sido capaces de envolver su oferta de forma diferente. Más que buscar un sector de oportunidad concreto, lo óptimo sería definir un modelo de negocio especializado en el que *podemos / podamos* 6 _____ aportar valor y trazar una estrategia global que se *acerca / acerque* 7 _____ a lo que el cliente *precisa / precise* 8 _____. Hay que trabajar el concepto, que la tienda *es / sea* 9 _____ un espacio vivo, que

puede / pueda 10 _____ cambiar y adaptarse a las exigencias del mercado.

Cuando *piensas / pienses* 11 _____ en nuevos conceptos de comercio, no te quedes exclusivamente en las combinaciones mixtas más conocidas, como la cafetería y librería. Piensa también en otros modelos que *están / estén* 12 _____ surgiendo ahora en los que se *llegan / lleguen* 13 _____ a ofrecer hasta cuatro propuestas diferentes. Se trata tanto de idear multiespacios atractivos para llamar la atención, como de que *resultan / resulten* 14 _____ rentables por tener más vías de ingreso. La Fábrica (librería, galería de arte, zona de formación y gastroteca) es un ejemplo interesante por su espacio muy amplio donde junto a la oferta en venta se *desarrollan / desarrollen* 15 _____ cursos y talleres sobre fotografía, arte, literatura, cine, y también actividades culturales como encuentros con creadores, presentaciones y proyecciones...

Adaptado de *Emprendedores*

14 ¿Cuáles son, según el periodista, los nuevos retos del comercio de barrio?

15 ¿Existen ejemplos similares en tu país? Explícaselo a tus compañeros.

1 Un desafío: bajar a tierra firme. Lee el siguiente texto.

Septiembre de 2010. Zara abre su tienda on-line. Con esta decisión, el gigante textil «bendice», en cierto modo, una tendencia generalizada en el mercado. Una corriente integrada por aquellas compañías que, tras abrir puntos de venta en la calle, dan el salto al mundo virtual.

Aquí vamos a hablar de lo contrario. De empresas que han nacido on-line y que, con el tiempo, replican el concepto en una tienda física. Nos encontramos ante emprendedores que optan por una estrategia aún inexplorada, de ahí que resulte especialmente interesante analizar sus motivaciones, la forma de acometer el proyecto y los beneficios que obtienen.

Antes de acceder al mundo real desde el virtual, cabe hacer un análisis previo y extraer conclusiones. Se puede advertir, por ejemplo, que la gente quiere ver y tocar el producto adquirido a través de la Red. O que el 50% de las ventas se efectúan en 20 kilómetros a la redonda, por lo que quizás tenga sentido montar una tienda donde el usuario pueda recoger sus pedidos.

El objetivo último es saber para qué tener un espacio en la calle y cómo se integra en el proyecto de tal modo que genere sinergias con el otro canal de venta. La meta es utilizar la tienda como una palanca que haga crecer aún más el negocio. Esta es una de las principales razones. La venta física hace ganar volumen y continuar creciendo, algo muy importante, sobre todo cuando el mercado on-line ha tocado techo o, por el contrario, se ha ralentizado.

Mucha gente aún desconfía de la actividad en internet. Hoy estamos asistiendo a la gran eclosión del comercio electrónico, un fenómeno que atrae a usuarios nuevos que desconocen el medio, por lo que han de adaptarse al él. Y las empresas tienen que ayudarles en este aprendizaje. Entonces, la apertura de una tienda física puede encajar bien, al actuar como un anclaje al que agarrarse si surgen problemas. Además, un punto de venta físico contribuye a potenciar la imagen de una marca on-line y a dotarla de solidez. La presencia física, combinada de manera inteligente con la on-line, amplía el abanico de atractivos que ofrecer al cliente.¿Por qué no dar la posibilidad de recoger, e incluso pagar en tienda, aquello que se pidió en internet.

A medida que la competencia on-line aumenta, hay que diferenciarse por las vías del precio y de la rapidez operativa. El negocio off-line permite ahorrar los gastos de envío a un cliente que recoge en la tienda el pedido que realizó en la web y, en paralelo, permite hacer las entregas en menos tiempo. En ese escenario, contar con un local irá cobrando mayor sentido, al abaratar la logística.

Se trata, al final, de aprovechar las sinergias entre dos canales, de convertirse en un negocio 'glocal'. Gracias a la combinación de ambas plataformas, la empresa será global, y al mismo tiempo, local, con lo que aumentará el público objetivo. Con el espacio físico se acerca al usuario de la zona, mientras que con el virtual se llega a España, Europa... y al mundo.

Tomado de *Emprendedores*

2 Analiza las ventajas de esta nueva estrategia y coméntalas con tus compañeros.

44 3 **Una empresa que ha dado el salto. Escucha la grabación y toma nota de su trayectoria.**

No Pagues la Marca

⌐ El nuevo consumidor digital

45 1 **Los rasgos del consumidor digital. Escucha la grabación y rellena el siguiente cuadro.**

Es muy social	
Es reflexivo	
Mira mucho el precio	
Es muy exigente	
Le preocupa la seguridad	

2 **Y tú, ¿qué tipo de consumidor eres y qué productos compras a través de internet?**

CREEMOS Y NEGOCIEMOS

a El autoempleo

1 Autónomas en tiempo de crisis. Lee estos textos.

Según un informe realizado por la Federación Nacional de Asociaciones de Trabajadores Autónomos, ATA, los negocios iniciados por mujeres aguantan mejor las épocas difíciles.

De acuerdo con Ana Cabrero, responsable del Área de Mujer de ATA: «Queda patente que el tejido productivo de España sigue capitaneado por hombres al estar el peso de las autónomas aún muy por debajo del de los varones. A pesar de esto, el número de mujeres que deciden ser su propio jefe y darse de alta como autónomas lleva unos años en continuo crecimiento. Es por ello que desde la Administración tienen que potenciar y apoyar el autoempleo porque todas las estadísticas apuntan a que se está asentando como una sólida y estable opción laboral para las mujeres».

La crisis económica está golpeando con dureza al colectivo de autónomos en España, afirmación que se demuestra con el hecho de que España ha perdido en los últimos años 341 509 autónomos.

En comparación con la Unión Europea cabe destacar que los datos que arroja España en cuanto al porcentaje de mujeres autónomas son halagüeños: las mujeres son el 32,6% del total de autónomos en España frente al 30,9% que representan en la Unión Europea, también mejores a los que arrojan países de referencia como Italia (27,4%), Grecia (29,7%), Bélgica (29,8%), Francia (30,1%) o Alemania (32,4%).

Fuente: *www.mujeresycia.com*

La pregunta del millón de euros.

Pero ¿cómo saber si ha llegado el momento de abrir ese despacho profesional, ese comercio, esa fábrica, ese hotel...? Esta es la pregunta clave que se hace todo emprendedor, y para hallar su respuesta debe tener en cuenta muchos factores: empezando por sus propias circunstancias personales, hasta el momento por el que atraviesa la economía del país, la zona geográfica concreta o el sector de actividad donde se encuadra el negocio.

Pero si con alguna novia deberá estar dispuesto a casarse el emprendedor, esa es, precisamente, la incertidumbre. Dicho de otro modo, si existe un elemento esencial y determinante del éxito, ese será la propia actitud del emprendedor y su forma de enfrentarse al riesgo e, incluso, a la tensión que producen las altas posibilidades de fracaso. En cualquier caso, como ha dicho Raúl Bergué, empresario del mundo de la publicidad pasado a la arena de las *puntocom*, «emprender nuevos negocios es sinónimo de estar vivo». Pues a vivir.

Adaptado de *Emprendedores*

2 Di si es verdadero o falso.

	V	F
1. Los hombres son mayoría en el aparato productivo.	☐	☐
2. Las mujeres autónomas son cada vez menos en España.	☐	☐
3. Ser autónomo es una buena salida laboral.	☐	☐
4. Los autónomos han resistido muy bien la crisis.	☐	☐
5. Las españolas están a la cola en la Europa de las autónomas.	☐	☐

3 ¿Por qué la Administración tiene que apoyar el autoempleo?

4 ¿Qué se debe tener en cuenta antes de lanzarse en un proyecto empresarial?

5 ¿Por qué los españoles son tan emprendedores?

6 ¿Cuáles son los elementos que hay que tener en cuenta antes de lanzarse a un proyecto empresarial?

7 ¿Por qué crees que hay una relación estrecha entre riesgo y éxito?

46 **8** Elegir bien. Escucha la grabación y define las ventajas y desventajas del empresario individual y de la sociedad mercantil.

47 **9** Nuevo autónomo. Escucha la grabación y responde a las preguntas.

- ¿Crees que los autónomos solamente pueden trabajar en sectores donde no están presentes las multinacionales?
- ¿Cómo explicas el desinterés de los autónomos por ciertas áreas y, en cambio, el surgimiento de autónomos en otras?
- ¿A ti te convendría mantener una doble faceta de autónomo y asalariado?

10 Estas tres personas te han pedido consejos para saber si se lanzan como autónomos o si, mejor, se buscan un empleo o continúan en el que están. ¿Cuál es tu opinión?

Me llamo Jeremías y acabo de terminar mi carrera de arquitectura. Durante mis estudios trabajé para varios arquitectos, todos autónomos, y me pareció que cuando yo terminase mi carrera haría como ellos. Ahora bien, no sé si lanzarme desde ya o esperar un poco.

Soy pintor y quisiera vivir de mi arte, pero no sé qué camino tomar. No me anima mucho presentarme a las oposiciones para ser profesor de arte en un instituto. No sé si tendré la paciencia para tratar con adolescentes. Pero tampoco quiero trabajar en algo totalmente desligado de la pintura. ¿Qué debo hacer?

Trabajo en una peluquería desde hace cinco años ganando muy poco. Lo peor, no me llevo muy bien con mi jefa quien no valora mis cualidades. Mi problema es que no tengo dinero y no sé a quién recurrir para abrir mi propio negocio.

b El mejor restaurante al mejor precio en un sitio perfecto

¿Quién no se ha imaginado algún día al frente de un restaurante o de un bar? Basta que entremos en uno y que nos cobren demasiado por una calidad que nos parece muy mala, para decirnos que lo podríamos hacer mejor. Proponemos que os lancéis en esta aventura, en equipo, creando un restaurante con un toque latino o español. Para ello, vais a explorar tres comidas de mucho prestigio: la peruana, la mexicana y la española. Pero no los platos habituales como el cebiche, los tacos o la paella. Vuestro restaurante deberá poner de realce una comida distinta, innovadora, sorprendente.

1 Presentación de la gastronomía del país escogido.

2 Cread el proyecto de A a Z y presentadlo a un grupo de inversores.

c Recetas para resucitar una marca

1 Lee este texto.

Con un poco de inversión y habilidad, marcas del pasado, arrinconadas en la memoria colectiva o languidecientes en los estantes de los comercios, pueden volver al primer plano. Hay varios ejemplos de estrategias globales que han puesto de moda marcas desaparecidas: la segunda invasión de las carreteras por los *escarabajos* y los *minis* y el desarrollo de una moda retro y urbana por parte de **Adidas** y **Puma** son una muestra. Pero no hace falta recurrir a multinacionales millonarias: la muñeca *Nancy* y las botas *Chirucas* entre otras marcas demuestran que en nuestro país el marketing basado en la nostalgia es una realidad en alza. Son marcas que, como dice **Conrado Llorens**, director general de la consultora de marcas **Summa**, «tienen la capacidad de despertar emociones. Cuando pensamos en una etapa de nuestra vida, nos acordamos de determinadas marcas y donde ha habido fuego, hay rescoldos». No vale la misma receta para todas, pues «el éxito viene por la diferencia», afirma **Raúl Peralba**, de la consultora **Positioning Systems**. Son marcas que dejan un sabor en la boca porque todas «tienen en común haber sido las estrellas en una España cerrada durante cuarenta años que estaba a punto de abrir sus puertas», afirma **Willem Heskes** de la consultora **Saffron**.

Tomado de *Actualidad Económica*

2 ¿Qué quiere decir el marketing basado en la nostalgia? ¿Existe esto en tu país?

3 Aquí van las fórmulas que permitieron revitalizar con éxito estas dos marcas para sacarlas del olvido.

Nancy fue una de las primeras muñecas que las familias podían adquirir a precio asequible. Es la copia de una anterior llamada *Pierina*, pero que era demasiado grande (56 centímetros). **Tino Juan** fue el encargado de realizar la reducción, a 42 centímetros, y de diseñar la cabeza de *Nancy* que salió al mercado nacional en 1968. *Nancy* fue eclipsada con la llegada de la muñeca maniquí más famosa, *Barbie*, de **Mattel**, llegando al extremo de que la firma que la producía, **Famosa**, se vio obligada a dejar de fabricar la tradicional muñeca en 1996. La vuelta de *Nancy* no se debió a ningún estudio de mercado, pero sí se produjo cuando se empezó a detectar cierto cambio en el sector juguetero. Cuando aparecieron las *Brats*, que son unas muñecas con unas cabezas desproporcionadas, se produjo la vuelta a la moda de la muñeca grande. «Recibíamos a diario peticiones de que volviéramos a fabricar la tradicional *Nancy*. Incluso pedían que fuera exactamente igual en sus calidades, que no modificáramos nada», comenta **Rosella Ferri**, del área de Diseño y comunicaciones de **Famosa**. El resultado ha sido extraordinario, el primer año las ventas ascendieron a 400 000 unidades. De la *Nancy* de hace treinta y cinco años a la de hoy son muy pocas las diferencias que se han incorporado. El molde de la muñeca es el mismo de antes; el pelo se ha mejorado y sobre todo la calidad de los vestidos y los zapatos, hoy de piel.

Hace 15 años la marca *Chiruca* dormía en un cajón. Hoy, la palabra se ha convertido en un genérico de bota de montaña. Es el reflejo de una evolución que tuvo su punto álgido en la década de los años sesenta, cuando las *Chirucas*, menos sofisticadas que en la actualidad, se convirtieron en algo así como el calzado oficial de los incipientes momentos obreros, estudiantiles y antifranquistas. Era una prenda urbana, pero también para la caza. **Franco** y el **marqués de Villaverde** llevaban *Chirucas* en las cacerías. El esplendor de los sesenta se convirtió en decadencia solo una década después ante la pujanza de competidores como **Adidas** y **Puma**. Diez años después, una empresa riojana, **Calzados FAL**, la saca del olvido. El renacimiento de la marca parte de una estrategia: como explica **Manuel Abad**, «había que tecnificar el producto; la *Chiruca* de toda la vida ya la hacía mucha gente», dotarla de mayor calidad para poder así abandonar el rango medio-bajo de precios en el que siempre se habían ubicado las botas. El paso clave se produjo en 1992, cuando **FAL** firmó un acuerdo con la compañía **GoreTex**, propietarias de un sistema de impermeabilización de las botas que solo licencia a las empresas que pasan sus propios exámenes de calidad. Hoy se venden *Chirucas* en países como Polonia, Malasia, Rusia y Chile y la marca le supone a la empresa **Calzados FAL** una facturación anual de alrededor de nueve millones de euros.

4 ¿Cuál ha sido el camino que han tomado para volver a tener éxito?

5 Vamos a resucitar una marca.

En equipos vais a pensar en una marca o en un producto que solíais consumir y que ha desaparecido o está desapareciendo. Vais a realizar un estudio de viabilidad para recuperarla, inspirándoos en los casos de Nancy y Chiruca o de otras que conozcáis, por ejemplo el caso del Volkswagen escarabajo, o de los Mini Morris, coches famosísimos que han vuelto a producirse después de un largo periodo.

Preparad una presentación de vuestro rescate para convencer a inversores potenciales.

¿Cuál es el mejor rescate? Escribid una carta dirigida a inversores proponiéndolo para una próxima aventura empresarial.

TRANSCRIPCIONES

UNIDAD 1
La nueva empresa

ANALICEMOS Y PRACTIQUEMOS
B Los cargos de la empresa – Actividad 1
PISTA 1

1. Participo de forma activa en la definición de la política comercial de la compañía y soy responsable de los pedidos. También me dedico a visitar a los distribuidores y a desarrollar la cartera de clientes.

2. En el marco de la investigación industrial y técnica, tengo la responsabilidad de la definición y del lanzamiento de los nuevos productos de la compañía, en relación estrecha con los fabricantes.

3. Me encargo de las actividades de venta y distribución de los productos de la empresa en los mercados exteriores. También soy responsable de la apertura de nuevos mercados, mediante presentaciones y asistencias a ferias.

4. Soy la persona encargada del servicio de la centralita telefónica de la empresa y atiendo a los visitantes presentándoles información y ayuda.

5. Soy responsable de mantener y actualizar la página web de la empresa, así como de la administración de las bases de datos. También me hago cargo de implementar los contenidos del portal.

6. Me encargo de los estudios de mercado para adaptar los productos a las necesidades de la clientela. También soy responsable de la imagen de la empresa, de la comunicación y de la publicidad.

7. Soy la persona encargada de la producción de la empresa. Forman parte de mi cargo la productividad, el control de calidad, la organización y coordinación de los turnos de trabajo.

8. Soy responsable de la gestión de personal: contratación, formación, evaluación de desempeño, planes de carrera… También me hago cargo de las relaciones de trabajo, de la seguridad y de la prevención de riesgos laborales.

9. Atiendo las llamadas y la correspondencia y me encargo de la coordinación de agendas. También realizo tareas administrativas, como preparar reuniones y eventos afines a la Dirección General.

10. Me dedico a la elaboración de los informes contables y de los presupuestos de las diferentes áreas de negocio, evaluando las inversiones realizadas y estudiando la evolución financiera de las mismas.

C La nueva economía – Actividad 4
PISTA 2

LOCUTORA: En España, una de las empresas que están vendiendo en redes con resultados sorprendentes es Ticketea, una plataforma de venta de entradas digitales. Hoy estamos con su fundador, Javier Andrés. Buenas tardes, Javier. ¿Merece la pena estar ahí?

JAVIER ANDRÉS: Sin duda. Para una gran empresa como Telefónica, la venta en redes significará un porcentaje pequeño comparado con otros canales de venta. Para una pyme, que no tiene canales por toda España, es fundamental. Para nosotros tiene mucho retorno. Con poco dinero puedes llegar a una audiencia de millones de clientes, luchar de igual a igual con gigantes. Creamos la empresa en 2010 y a finales de año la integramos a Facebook.

Ahora, el 12% de nuestras ventas procede de las redes sociales. Facebook se ha convertido en nuestro tercer canal de ventas, después de nuestra propia web y Google. Para nosotros, un 12% de ventas supone cientos de miles de euros de ingresos. Además, el retorno de la inversión no se debe medir solo por ese 12% de ventas, que ya es mucho, sino porque nuestra presencia en redes se ha convertido en nuestro principal argumento de venta para captar nuevos clientes, los organizadores de eventos. Es un elemento muy bueno y diferenciador.

LOCUTORA: ¿Qué productos se pueden vender?

J. A.: Es fundamental que ofrezcas un producto de consumo social o que la gente se sienta orgullosa de él y lo quiera compartir. Las entradas de un concierto o de teatro se disfrutan en compañía y la gente las comparte con sus amigos. Eso es evidente. Pero hay otros productos que también pueden funcionar igual de bien. Un seguro de coche no parece algo que invite a ser compartido con nadie, pero si el cliente ha conseguido un precio muy bueno, seguramente lo hará. Y lo mismo pasa con unas zapatillas que tengan un componente de moda, o emocional. Hay que hilar fino para conseguir que tu comunidad lo comparta. Esa es la clave: el efecto dominó.

LOCUTORA: ¿Cómo se consigue generar comunidad?

J. A.: Estamos en un momento de economía de la atención, tenemos tiempo limitado para dedicarnos a las cosas. Para la marca tiene más sentido estar en las redes que fortalecer su web, a la que van a ir menos. Conseguir que tus seguidores se comprometan contigo, esa es la idea que debe haber detrás de cualquier estrategia. ¿Cómo? Pues... nosotros decimos que cada red es como un bar. Piensa en lo que harías en un bar para llevar clientes y replícalo ahí. Por ejemplo, para derivar tráfico a los bares se invitaba a copas a las chicas guapas, que son los usuarios más activos, los que generan comunidad, para que sirvan de correa de transmisión de tus productos o servicios.

Adaptado de Emprendedores

CREEMOS Y NEGOCIEMOS

B ¿Cómo emprender siendo joven? – Actividad 4
PISTA 3

LOCUTOR: Hoy, vamos a hablar con los creadores de Placeres Ibéricos, Carlos García y Jorge Dobón, los dos de 21 años. Estudian Administración de Empresas: Carlos está en 4.º y Jorge, en 5.º y son de la opinión de que «si te planificas bien, tienes tiempo para todo». Cada vez que se reunían planeaban montar un negocio juntos, pensaban en algo relacionado con la tecnología, con los móviles, con la electrónica, pero la oportunidad surgió de la forma más insospechada. Carlos, ¿cómo empezó todo?

CARLOS GARCÍA: Mi tío acababa de montar una empresa de frutas de cuarta gama y empecé a trabajar de comercial con él. Durante las visitas me di cuenta de que había una posibilidad en la comercialización de ibéricos y aceites que a mi tío no le apetecía. Así que le propuse quedarme yo con la nueva línea y lo hablé con Jorge. La idea era hacer una primera versión para el mercado nacional, pero pronto decidimos que a medio plazo teníamos que dirigirnos al mercado internacional y en ello estamos, contactando con distribuidores internacionales, especialmente en Suramérica y Asia.

LOCUTOR: ¿Cuáles son las claves de esta empresa?

JORGE DOBÓN: La primera: No dejar pasar las oportunidades. Aunque suponga cambiar el planteamiento inicial. Es cierto que nosotros nos planteábamos otro tipo de negocio, pero las oportunidades están ahí y cuantas más puedas coger en la vida, mejor. Tampoco pensábamos arrancar tan pronto, pero nos enteramos de una subvención cuyo plazo acababa en julio y nos lanzamos. También es importante reconocer el conocimiento ajeno. Somos conscientes de que nos falta formación y experiencia, por eso tenemos que apoyarnos en otras personas: desde nuestros familiares hasta los propios proveedores y clientes.

Adaptado de www.emprendedores.es

UNIDAD 2

Ingresar en una empresa

CADA DI@ MÁS

B Escogiendo una empresa – Actividad 1
PISTA 4

a. Formamos parte de uno de los principales grupos europeos en la gestión de infraestructuras y servicios de telecomunicaciones. Contamos con la primera red de emplazamientos para la difusión y distribución de señales de radio y televisión en España. Más de 3200 centros por todo el territorio español que nos permiten dar señal audiovisual a más de 12 millones de hogares. Nuestra estrategia se orienta hacia el crecimiento con el impulso de la tecnología digital para el despliegue de la televisión digital terrestre (TDT) y el desarrollo de servicios integrados de telecomunicaciones móviles.

b. Somos una empresa de jóvenes entusiastas y deportistas. Ya hemos cumplido los 25 años como empresa, pero no hemos perdido ni una pizca de ilusión ni las ansias de aprender cosas nuevas. Por suerte, contamos con un equipo joven de apasionados por la montaña y dinámicos profesionales que, junto a nuestros clientes, proveedores y colaboradores, forman nuestro activo más valioso. Gracias a ellos y a nuestro empeño por innovar permanentemente nuestra oferta de productos y servicios, nos hemos ganado el respeto de la comunidad montañera y convertido en la empresa española líder en la distribución de material técnico para la montaña.

c. Nuestra empresa se dedica a la investigación, desarrollo y fabricación de las tecnologías de la información más avanzadas del sector, incluyendo sistemas informáticos, software, redes, sistemas de almacenamiento y microelectrónica. Desde nuestra fundación en Estados Unidos en 1911, nos hemos mantenido a la vanguardia de la tecnología de la información y en la actualidad somos la compañía líder mundial del sector. Estamos presentes en 170 países, en particular en España desde hace 85 años, y tenemos una plantilla mundial de unos 400 000 profesionales.

d. Somos una empresa creada en 1992, con personal altamente experimentado y cualificado, dedicada desde su creación al transporte internacional por carretera. Para dar el mejor servicio y con los precios más ajustados a sus necesidades, representamos en España los intereses de compañías internacionales de transporte, lo que nos permite acceder, de una manera inmediata, a una importante flota de vehículos que cubren las necesidades de nuestros clientes.

CREEMOS Y NEGOCIEMOS
A La selección de personal – Actividad 3
PISTA 5

MARTA SÁNCHEZ: ¿Qué le gusta de la venta?

ALICIA GRACÍA PRIETO: Lo que me gusta más de la venta es ejercer mi poder de persuasión sobre el cliente y sentir que ambos hemos realizado un buen negocio.

M. S.: ¿Por qué es vendedora?

A. G. P.: Porque me gusta argumentar y convencer.

M. S.: ¿Le gusta tener autonomía en su trabajo?

A. G. P.: Creo que el trabajo debe ser realizado metódicamente teniendo en cuenta los objetivos de la empresa.

M. S.: ¿Por qué desea cambiar de empresa?

A. G. P.: Ya no tengo confianza en la política de la empresa y no me llevo muy bien con mi jefe.

M. S.: ¿Qué ha aprendido en su trabajo?

A. G. P.: Saber desenvolverme en cualquier situación de venta.

M. S.: ¿Ha ayudado a que las ventas mejoren?

A. G. P.: Siempre he procurado mejorar el volumen de las ventas.

M. S.: ¿Cómo transcurre un día en su trabajo?

A. G. P.: Organizo la semana planificando las visitas a los clientes. También me conecto a diario por ordenador con mi jefe para hacer el balance de la jornada.

M. S.: ¿Cómo vende?

A. G. P.: Lo importante es saber adaptarme al comportamiento del cliente.

M. S.: ¿Cómo ha sido su última visita comercial?

A. G. P.: Ha sido difícil vencer las reticencias del cliente ya que el precio del producto era superior al de mi competidor. Sin embargo, lo ha convencido la calidad.

M. S.: ¿Ha fracasado recientemente?

A. G. P.: Nunca he fracasado en mis propósitos.

M. S.: ¿Se entiende bien con los clientes?

A. G. P.: Depende de los clientes; con los más reticentes es interesante porque la venta debe ser más argumentada.

M. S.: ¿Qué le gustaría hacer dentro de unos años?

A. G. P.: No lo he pensado aún, soy joven, tengo tiempo por delante.

M. S.: ¿Es usted introvertida o extrovertida?

A. G. P.: Soy una persona tímida y reservada; por eso pienso que la venta me puede ayudar.

M. S.: ¿Es usted impulsiva?

A. G. P.: A veces me dejo llevar por cierta espontaneidad, pero logro refrenarla; sé que la ponderación es imprescindible.

M. S.: ¿Es usted una persona curiosa?

A. G. P.: Solo me interesa mi familia y mi trabajo...

******

MARTA SÁNCHEZ: ¿Qué le gusta de la venta?

JOAQUÍN DOMÍNGUEZ SERRANO: Lo que más me gusta de la venta es la libertad de horarios y de actuación.

M. S.: ¿Por qué es vendedor?

J. D. S.: Porque me gustan las relaciones humanas.

M. S.: ¿Le gusta tener autonomía en su trabajo?

J. D. S.: Sí, mucho. No me gusta ser controlado.

M. S.: ¿Por qué desea cambiar de empresa?

J. D. S.: Porque no tengo ninguna posibilidad de ascenso ni de formación.

M. S.: ¿Qué ha aprendido en su trabajo?

J. D. S.: Adaptarme a las circunstancias.

M. S.: ¿Ha ayudado a que las ventas mejoren?

J. D. S.: Como no tenía incentivos sobre las ventas, nunca me he preocupado por ello.

M. S.: ¿Cómo transcurre un día en su trabajo?

J. D. S.: Lo que me gusta es improvisar sobre la marcha.

M. S.: ¿Cómo vende?

J. D. S.: Pienso que a veces es necesario ser agresivo para realizar la venta.

M. S.: ¿Cómo ha sido su última visita comercial?

J. D. S.: ¡Estupenda! Todo me ha salido bien.

M. S.: ¿Ha fracasado recientemente?

J. D. S.: Reconozco no haber alcanzado siempre mis objetivos como yo hubiera deseado.

M. S.: ¿Se entiende bien con los clientes?

J. D. S.: Con algunos siento un rechazo inmediato, pero lo supero y vuelvo a insistir.

M. S.: ¿Qué le gustaría hacer dentro de unos años?

J. D. S.: Dentro de unos años, ¿por qué no ser jefe de ventas o director comercial?

M. S.: ¿Es usted introvertido o extrovertido?

J. D. S.: Creo que soy una persona abierta, más bien extrovertido; sin embargo, necesito un tiempo de observación antes de dar mi confianza.

M. S.: ¿Es usted impulsivo?

J. D. S.: Totalmente, creo en el instinto comercial.

M. S.: ¿Es usted una persona curiosa?

J. D. S.: Soy una persona abierta a mi entorno, a otras culturas. Me gusta mucho viajar...

UNIDAD 3
Recursos humanos

CADA DI@ MÁS

A En aquellos dí@s, la industria del petróleo en México – Actividad 1
PISTA 6

La historia del petróleo mexicano se encuentra dividida básicamente en dos periodos consecutivos: el primero abarca su nacimiento y desarrollo bajo el dominio de las empresas extranjeras a partir de 1900; el segundo corresponde a la época del control total después de la expropiación decretada por el presidente Lázaro Cárdenas en 1938.

En el año 1900 los norteamericanos Doheny y Candfield inician las primeras perforaciones en la hacienda «El Tulillo», Estado de San Luis Potosí, descubriendo petróleo en 1901.

En 1902 se encuentra petróleo cerca de San Cristóbal, en el istmo de Tehuantepec, y en 1906 se construye la primera refinería latinoamericana en Minatitlán, así como un centro de almacenamiento y un ducto. En 1908 se funda la Compañía de Petróleo «El Águila», iniciando sus actividades con un capital de cien mil pesos.

En 1916 empieza a brotar uno de los pozos más espectaculares en los anales de la historia petrolera del mundo, el «Cerro Azul n.° 4», pozo de gran producción ubicado cerca de Veracruz y propiedad de la «Huasteca Petroleum Company».

En 1935 se constituye el Sindicato Petrolero de la República Mexicana y en 1937 estalla la huelga en contra de las compañías extranjeras.

En 1938 el presidente Lázaro Cárdenas del Río decreta la expropiación de la industria petrolera. El 7 de junio se crea Petróleos Mexicanos (PEMEX).

Tomado del sitio internet de Pemex

Actividad 6
PISTA 7

ALBERTO: La tarea del Estado no es la de crear riquezas. Su labor es la legislación, la organización de la sociedad. La producción debe ser asumida únicamente por la empresa privada.

JULIA: Yo pienso que un país no puede funcionar sin una libertad de empresa, pero creo que hay ciertos sectores que deberían estar en manos del Estado, ya que, a veces, los intereses privados no corresponden a los intereses de la colectividad.

PEDRO: El ultraliberalismo no sirve para todos los países, de igual manera que el centralismo excesivo es contraproducente. Por ejemplo, en Francia el transporte ferroviario es público y funciona mejor que en Inglaterra, donde es privado. Hay ciudades donde los dos tipos de transporte, público y privado, cohabitan.

ANALICEMOS Y PRACTIQUEMOS
B El dí@ a dí@ en la empresa – Actividad 5
PISTA 8

1. Es lo mismo programar y administrar un equipo de técnicos.

2. La labor de programación es puramente técnica.

3. De programadora había logrado trabajar en lo que le gusta y ser buena en ello.

4. El nuevo puesto no conlleva un incremento de salario.

5. Con el ascenso ha tenido un entrenamiento especial para ser supervisora.

6. Hoy le agobian las responsabilidades.

7. Ha sido promocionada por sus compañeros.

8. La empresa ha ganado un mal gestor y perdido un buen técnico.

9. Antes era feliz y ahora es muy desgraciada.

10. La protagonista solo está dudando de sí misma.

D La política salarial – Actividad 1
PISTA 9

Dos directores nos cuentan los entresijos de su política salarial. Entre otras muchas cosas, han conseguido que los mejores empleados no se les escapen. Toma nota de su estrategia.

- «Me llamo Daniel Vicente Tobar y soy socio director de Tecatel, empresa tecnológica valenciana que paga a sus empleados un 30% más que otras de su sector ubicadas en la misma provincia. La clave está en producir, que la gente se mentalice de que a la empresa se va a trabajar. Nuestra empresa remunera bien a los empleados cualificados y cada vez buscamos más a este tipo de trabajador. Para competir contra la mano de obra barata de los países asiáticos, que está haciendo cerrar muchas empresas de este sector en nuestro país, hemos apostado por la especialización. Los preparamos mejor, les impartimos cursos de formación y tienen sus correspondientes periodos de adaptación. Así hemos conseguido un aumento de la productividad.

  Nuestra política salarial se basa en contratos fijos que aportan seguridad a los empleados que, además, tienen unos pluses ya que trabajan por proyectos. Nuestros ingenieros no están empaquetando el producto, sino que también están diseñándolo, creándolo. Pueden progresar en la empresa y cobrar al final de año según la consecución de objetivos. Esta es una forma de hacerles participar en los éxitos de la empresa. Por todo esto, en nuestra empresa, hay realmente muy poca rotación. Los empleados no se van».

- «Soy Fernando Serrado, director de Recursos Humanos de la consultora Northgate Arinson. Para mí es muy positivo que las empresas apuesten por una política de sueldos elevados porque así se consiguen beneficios económicos, incrementos de productividad y descienden los índices de rotación.

Pagar bien a los empleados no es solo una cuestión de cuantía, sino también de adaptación a las circunstancias de cada empleado y de medidas de compensación. Nosotros llevamos a cabo una política de alto nivel salarial combinada con medidas de compensación flexible. A lo mejor en momentos en los que el mercado está muy boyante, podemos utilizar esta flexibilidad. Como contrapartida, nuestros empleados también son flexibles con la empresa, y en momentos en los que hay que arrimar más el hombro, lo hacen.

En Northgate Arinson, las subidas salariales se fijan a través de evaluaciones de desempeño: cada año hacemos unas revisiones salariales y tenemos en cuenta factores como el desarrollo de competencias del año anterior. Lo que no creemos que funciona en este mercado es aquello del 'pan para todos': el que es bueno tiene que desarrollarse más y recibir una contraprestación mayor».

Tomado de *Emprendedores*

CREEMOS Y NEGOCIEMOS
A Las nuevas generaciones – Actividad 7.1
PISTA 10

Baby boomers

Nacidos entre 1945 y principios de los años 60, los *baby boomers* son hijos de la «Generación Silenciosa», que trabajó de sol a sol valorando la seguridad durante la primera mitad del siglo 20, caracterizada por la escasez. Tras la Segunda Guerra Mundial, el optimismo genera una gran explosión demográfica en todo el mundo occidental. Reconstrucción, emprendimientos, consumo...

Aparecen las marcas, los modelos de autos, sus colores, los artículos de lujo. Los *baby boomers*, que tienen un nivel de educación superior, encuentran grandes oportunidades en las empresas que están emergiendo. Ingresan en el mundo del trabajo hacia los años 70 con confianza en las empresas, en las instituciones, y con deseos de hacer grandes cambios. Es una generación competitiva e idealista, que busca aportar valor, contribuir, cambiar el mundo.

En el trabajo, el choque entre *baby boomers* y la anterior generación es violento. Llegan con un nivel mayor de educación y con ansias de participar y rápidamente desplazan a los técnicos de la Generación Silenciosa, acostumbrados al respeto por la autoridad formal. Los educados *baby boomers* entran en las empresas con ansias de quebrar ese orden. Buscan crecer, y el crecimiento en la estructura de las organizaciones es vertical y asociado con símbolos de estatus: automóvil de la compañía, estacionamiento, oficina de más metros... Es una generación sectaria y excluyente. Las empresas se dividen en castas según los niveles con sus símbolos asociados.

En los 80 y 90, los *baby boomers* se enfrentan con la globalización: fusiones, adquisiciones y *downsizing*. Muchos, que habían ingresado en la empresa pensando en llegar a los niveles más altos, se ven expulsados de las organizaciones. Para quienes construyen su identidad a partir del trabajo, esto implica una gran depresión (y no todos pueden reinventarse). Esto es lo que miran las generaciones siguientes: un gran idealismo que choca contra la pared. Gente que dedica su vida a empresas que luego no reconocen su esfuerzo.

Actividad 7.2
PISTA 11

La generación X

Nacidos entre los años 60 y los 70, hijos de los últimos tradicionalistas y de los *boomers*. Es una generación criada a la sombra de la hiperactividad de los *boomers*, que observa el idealismo de sus padres defraudado por los efectos de la globalización.

La Generación X crece ya en un mundo on-line: el teléfono móvil, el cable e internet. Es una época de ruptura de grandes paradigmas: la caída del Muro de Berlín, la explosión del Challenger, los ataques terroristas en las Olimpiadas de Múnich, el suicidio en masa de Jonestown, el asesinato de John Lennon, los despidos masivos de los 80 y las crisis económicas. Se crían en un mundo violento y conviven con las drogas y el SIDA.

Así, la mentalidad idealista de los *boomers* se transforma en un profundo escepticismo entre los X. Ellos no tienen héroes. Todos los referentes de la generación son buenos y malos al mismo tiempo: Bill Clinton, Madonna, Michael Jackson, Bill Gates, Maradona, los Simpson...

Son individualistas: los miembros de la Generación X no creen en las empresas, ni en sus promesas y desconfían de sus jefes. Solo confían en sí mismos y enfatizan el autodesarrollo. No toleran los tiempos de las organizaciones y aspiran a que estas se muevan con sus tiempos.

Buscan un balance entre vida personal y laboral: en oposición a los *boomers*, que «vivieron para trabajar», los X «trabajan para vivir». Ellos se niegan a pagar el alto costo de no dedicar tiempo a la familia ni a los amigos.

Tienen una nueva concepción del espacio y del tiempo: los X se orientan por los resultados y no los relacionan con el tiempo de permanencia en la oficina. Para ellos, trabajar no es estar en la empresa, sino lograr los objetivos. Por lo tanto, no toleran la proliferación de reuniones ni la política corporativa, ya que las ven como una pérdida de tiempo privado. Por su orientación a los resultados, valoran los contextos con una adecuada estructura de premios y castigos. Se mueven bien en las meritocracias.

Son informales. Valoran la informalidad en la vestimenta y en el trato. Buscan estar cómodos y ser ellos mismos. También buscan una relación informal, transparente y directa con la autoridad. Valoran a los jefes profesionales y que obtienen resultados. Aborrecen los contextos que marcan la distancia entre niveles jerárquicos y la burocracia.

Les gustan los desafíos: los X buscan desafíos continuamente, nuevas experiencias para aprender y aumentar su principal activo: ellos mismos. Tienen terror al estancamiento. Así, buscan un *feedback* continuo y valoran a los jefes con la capacidad de transmitir conocimientos y de aconsejar.

Actividad 7.3
PISTA 12

La generación Y

Nacidos entre 1980 y el 2000, los miembros de la Generación Y han entrado recientemente en el mundo del trabajo, alterando las reglas y desconcertando a los jefes. Hijos de los *baby boomers*, fueron criados en un contexto de participación, alta valoración y aliento de sus vocaciones y preferencias.

Los de la generación Y son optimistas como sus padres, aunque también más pragmáticos. Viven en un mundo de violencia, de SIDA, de calentamiento global y de sucesos terribles como el 11 de septiembre. Así, los de la generación Y buscan el bienestar ahora y no trabajan para un futuro incierto.

Los miembros de esta generación tienen claro lo que quieren. Los generación Y no permiten que el trabajo les quite tiempo para lo que importa, a diferencia de sus padres *baby boomers* que organizaron su vida alrededor del trabajo. La concepción del trabajo se modifica: esta generación busca placer y diversión en la oficina. La responsabilidad y el compromiso solo surgen cuando encuentran sentido a lo que hacen. El sentido es producto de sentirse útiles para alguien, para la comunidad, para un proceso, para el bienestar de otros.

Es una generación que no tolera las reuniones sin sentido, donde nadie decide nada, ni a los jefes que imponen reuniones a las seis de la tarde, cuando ellos tienen la bolsa lista para ir a jugar al fútbol.

En un futuro próximo, estos jóvenes ocuparán las posiciones de *management* de las empresas, modificando radicalmente la forma de hacer las cosas. Dejará de importar el tiempo de permanencia en la oficina. Lo importante será el cumplimiento de los objetivos.

Esta generación valora la diversidad en todo sentido: edades, culturas, género y capacidades. Son los jugadores que se necesitan en un mundo global y «chato», donde las fronteras territoriales pierden importancia. Los generación Y valoran los ambientes laborales con respeto por el otro, contacto con el *management*, posibilidad de participar y ser reconocido.

Los generación Y no toleran la injusticia. Así, para retenerlos es fundamental mejorar la gestión de la equidad interna y la estructura de premios y castigos.

Una generación que plantea nuevas demandas a las habilidades de los jefes y no temen abandonar las organizaciones cuando algo no les parece bien. Mientras las generaciones anteriores «aguantaban», estos jóvenes hacen realidad el viejo dicho: «se unen a la empresa por el proyecto, y se van por el jefe».

Tomado de *www.revistaif.com.ar*

UNIDAD 4
Consumidores y productos

CADA DI@ MÁS
A ¿Cuál es cuál? – Actividad 3
PISTA 13

1. Hasta hace unos años yo no conocía ninguna marca española. Para mí en España se bailaba flamenco y se iba a los toros. Hace tiempo descubrí aquí en París una tienda, Zara, y me encantó. Sus productos estaban muy bien adaptados a mis necesidades, soy una persona activa pero a quien le gusta, además del confort, la elegancia, todo esto con precios asequibles. En Zara siempre están renovando sus mercancías, por lo que, de vez en cuando, me doy un salto para ver si hay alguna novedad. Se dice que a nosotros los hombres no nos gusta ir de compras, yo soy todo lo contrario, me gusta comprar ropa y a mi novia también, o sea que estamos hechos el uno para el otro.

2. ¿Que qué producto español consumo? No sé, posiblemente muchos, sin darme cuenta; ahora, con lo de la globalización, una ya no sabe de dónde viene qué. El otro día me enteré de que Telefónica controlaba más del 60% de la empresa de Telecomunicaciones de São Paulo, sin darme cuenta estaba consumiendo español. Considero que en la actualidad las marcas han dejado de indentificarse por el país de origen, ahora las marcas o las empresas son globales, mundiales, ya no compramos tradición o cultura, no sabemos necesariamente de dónde viene lo que consumimos. Los coches, por ejemplo, se fabrican por partes y aunque la marca sea francesa, o estadounidense, los componentes pueden venir de muchísimos países.

3. A ver, a ver... Un producto español, me la pones difícil. Ah, sí, pero claro, yo lo que consumo es Almodóvar. En cuanto sale una de sus películas voy a verla, me encantan, tienen una dosis de dramatismo y a la vez de humor. ¡Son fantásticas! Algunas me han gustado menos, por supuesto, pero por regla general me divierten, me conmueven, me hacen reflexionar. Almodóvar me ha permitido de otra parte descubrir el cine español y he visto algunas cosas interesantísimas. No sé si todos los italianos piensan como yo, pero me da la impresión de que el cine español actual tiene más vigor que el nuestro; ellos han sabido ocupar un espacio que antes no tenían. Ahora parece normal esperar la última de Almodóvar como esparamos la última de Woody Allen.

B. El producto del Año – Actividad 1
PISTA 14

El Producto del Año es el único certamen donde los consumidores eligen, mediante su voto directo, los productos de consumo más innovadores del año. Se trata del reconocimiento del consumidor al esfuerzo que realizan las marcas en materia de innovación. Te presentamos las innovaciones que han convertido a cinco de ellos en los mejores de su categoría:

El primero es Danone que crea un nuevo envase redondo donde la cuchara se desliza mejor y puedes disfrutar hasta la última cucharada. Disponible en Activia, Densia y Vitalínea.

El segundo es La Asturiana por ser la primera y única leche enriquecida que refuerza el sistema inmunitario, aporta todos los beneficios naturales de la jalea real y contiene vitamina B6, que ayuda a reforzar las defensas.

En tercera posición se encuentra La Toja que ha creado esta nueva gama de geles de baño con la combinación única de 7 nutrientes de cuidado y minerales termales del agua de La Toja usados en tratamientos spa.

El cuarto lugar lo ocupa el nuevo robot aspirador iRobot Roomba serie 700, lo último en tecnología robótica aplicada al hogar. Te permitirá tener los suelos limpios todos los días ya que barre y aspira sin necesidad de supervisión mientras disfrutas de tu tiempo libre.

Y por última y en quinto lugar tenemos la sartén Tefal Sensorielle que incorpora el nuevo antiadherente Intensium más duradero y resistente con efecto holográfico y una nueva base más duradera y con mayor inserción de cobre para una mejor distribución del calor.

Tomado de *Notoria*

ANALICEMOS Y PRACTIQUEMOS
D La industria del entretenimiento – Actividad 3
PISTA 15

LOCUTOR: El sector del videojuego vive hoy una profunda transformación. Muchos jóvenes emprendedores españoles la están aprovechando para situarse en cabeza de los nuevos modelos y nichos de negocio.

Hoy tenemos con nosotros a Xavier Carrillo, responsable de la compañía Digital Legends, que se dedica desde 2003 al desarrollo de videojuegos para móviles, un nicho que empezó siendo el hermano pobre del sector, pero que se ha revelado como un filón, gracias en parte a la irrupción de los iPhone y iPad.

Hola, Xavier, vuestra apuesta por los móviles ha hecho que estéis muy bien posicionados en el mercado, ¿cómo lo habéis conseguido?

XAVIER CARRILLO: Ha sido clave nuestra relación de siete años de trabajo con Nokia que se hizo un poco por casualidad, como una apuesta por un nicho en el que ni siquiera grandes distribuidores creían. Sin embargo, nos empeñamos y esto nos dio la experiencia para que en 2008 Apple nos escogiera para enseñar uno de sus juegos para móviles en la presentación del iPhone 3G. Fue el inicio de una nueva etapa. Últimamente nos hemos especializado en los llamados juegos triple A, las superproducciones del móvil.

LOCUTOR: ¿A quién va dirigido vuestro producto?

X. C.: Contamos con el jugador de toda la vida y nuestros juegos son lo bastante accesibles para que cualquiera lo pueda pasar bien.

Tomado de *Emprendedores*

Actividad 5
PISTA 16

En su informe, la Asociación Española de Distribuidores y Editores de Software de Entretenimiento (aDeSe) advierte de que la crisis económica está impactando sobre la industria del videojuego. Sin embargo, añade que la piratería continúa siendo el principal mal del sector en España debido a las descargas ilegales. Estos son algunos de los comentarios que ha provocado el informe:

- España es en población el 5.º país de la Unión Europea pero en renta per cápita está mucho más abajo y en paro y en crisis es el primer país de la Unión Europea. Ser el 4.º en facturación en el sector del videojuego indica que dicho sector está funcionando en España mucho mejor de lo que sería de esperar. Así que, que se dejen de milongas con la piratería, porque aunque no existiera la piratería, dudo que en España se pudiera generar más negocio, más ingresos de los que genera.

- Además de sangrarnos con los precios más altos de Europa en relación a salarios, nos insultan llamándonos piratas. Como todos podemos ver, sus cifras de ventas son muy bajas, no ganan suficiente... ¿o sí?

- Seguramente hay menos ventas porque muchos compramos juegos de importación y, claro, eso no cuenta para España.

- Somos el cuarto mercado de Europa y el sexto del mundo. Hemos demostrado que aun con la piratería somos de los países que más beneficios dan a esta gran industria del ocio. Las ediciones son de pena: faltan doblajes e incluso subtítulos. No voy a entrar en un debate ahora sobre la idoneidad de saber inglés, que está muy bien, pero con el volumen de ventas tan grande a nivel internacional, debería ser obligatorio que nos llegaran traducidos los juegos al igual que nos llegan los libros, las películas, los cómics, etc. Somos una potencia en cuanto a consumo de ocio digital pero nos tratan como un país de segunda fila. Yo he hecho un máster en Inglaterra, y no tengo problemas con los juegos en inglés, pero eso mismo pensaba cuando compraba un juego y no me lo encontraba traducido al español (el tercer idioma del mundo, al menos hasta hoy), por eso decidí que si las compañías no se molestaban en traducirlos, con los precios que me cobraban, yo no me molestaría en comprarlos... y hasta hoy.

Tomado de *www.meristation.com*

CREEMOS Y NEGOCIEMOS
C Altruismo rentable – Actividad 3
PISTA 17

a. Para diseñar un programa de patrocinio cultural se han de tener en cuenta los principios que fundamentan la cultura de la empresa patrocinadora. Estos han de comulgar con la filosofía del contenido patrocinado.

b. Las acciones de patrocinio se deberían entender como una herramienta de marketing que busca un retorno de la inversión, destinarle el personal suficiente y acompañarlo con la publicidad necesaria para que los actos patrocinados obtengan repercusión, tanto del evento patrocinado como de su patrocinador.

Tomado de *Emprededores*

Actividad 4
PISTA 18

- **Winterthur:** La Fundación Winterthur, que ha sido distinguida como Benefactor del Museo del Prado, atiende a las necesidades del museo en los campos de la restauración de obras de arte, la realización de exposiciones, manifestaciones temáticas, cursos, conferencias y congresos. La característica que define todas estas actuaciones es la de vincular la imagen de la Fundación a obras arquitectónicas clásicas del patrimonio nacional.

- **Saab:** La empresa automovilística Saab ha obtenido una gran notoriedad por la organización de premios fotográficos, así como el patrocinio de obras teatrales. Su objetivo era reforzar el mensaje y la presencia de Saab con un tema creativo no directamente vinculado al producto en diferentes medios.

- **Afinsa:** Bajo el principio *Quiero devolver a la sociedad lo que de la sociedad he recibido*, Afinsa, asesora de inversión en el campo de los bienes tangibles, apoya a instituciones y organismos que se preocupan por la difusión de la cultura. Ha patrocinado ciclos de música, exposiciones y un premio literario.

Adaptado de *Emprendedores*

UNIDAD 5
La comunicación

CADA DI@ MÁS
A La marca y su eslogan – Actividad 2
PISTA 19

En **Catalana Occidente** creemos que el ahorro energético y el respeto al medioambiente son los valores fundamentales para conseguir un futuro mejor para todos. Por ello hemos decidido apoyar la movilidad sostenible creando un nuevo seguro para coches eléctricos. Conéctate al futuro, conéctate a Catalana Occidente.

Calzado FAL Seguridad dispone de modelos sólidos, seguros, duraderos y ergonómicos. Todo lo que un gran profesional necesita para hacer su trabajo más cómodo.

Chupa Chups es diversión, es originalidad, es sorpresa, es tomarse la vida con más sabor. Disfruta con Chupa Chups de todo el sabor. Por un mundo menos serio. ¡No te lo puedes perder!

ANALICEMOS Y PRACTIQUEMOS
C. La publicidad comparativa – Actividad 3
PISTA 20

La publicidad comparativa es muy habitual en ciertos países como Estados Unidos o Gran Bretaña. Sin embargo en España está poco desarrollada y suele criticarse o resultar bastante polémica. Aquí tienes algunas opiniones al respecto:

1. «La información puede estar jugando en contra. Cuando una marca informa a los clientes en sus beneficios versus la competencia, está dándole razones para ensayar y tal vez cambiarse de marca».

2. «Hay países en los que esta muestra directa de la marca contrincante para hacer una 'contra-publicidad' no se suele hacer. Sin embargo, en Estados Unidos ya estamos acostumbrados a presenciar esta 'guerra publicitaria' entre grandes empresas, y que dure porque ¡es de lo más divertido que hay!».

3. «En algunos casos la publicidad comparativa puede ser percibida como negativa por los consumidores que piensan que el anuncio no es objetivo, o que el producto aporta tan poco que necesita destacar los fallos de la competencia».

4. «La publicidad comparativa tiene que ser original y elegante; no tiene porqué ser aburrida y cutre».

Tomado de *www.bienpensado.com*

D La influencia de la publicidad – Actividad 3
PISTA 21

Los famosos y las marcas son un tándem muy recurrido y exitoso en el mundo de la publicidad. La relación de las estrellas (modelos, actrices, cantantes, deportistas...) con la publicidad puede resultar de lo más beneficiosa para ambas partes. Ahora bien, no opinan lo mismo todos los profesionales. Escucha la opinión de tres de ellos.

AUGUSTO URQUIJO: Yo pienso que la utilización de los personajes famosos en la publicidad puede ser rentable para la empresa si el famoso se identifica con el producto. Por ejemplo, un campeón automovilístico que recomienda un lubricante para el motor del coche, se supone que es un entendido en la materia y su testimonio será creíble para el público. Por tanto, dará credibilidad al mensaje y notoriedad a la marca.

PATRICIA COMAS: Yo creo que la utilización de los famosos en la publicidad es arriesgada, sobre todo si se trata de un personaje famoso que nada tiene que ver con el producto y solo se utiliza por el hecho de ser conocido. Puede ocurrir que canibalice la marca, es decir, que el público recuerde al personaje y no sepa lo que está anunciando. Para mí, en este caso, el famoso no es rentable.

MARCELO OJEDA: En mi opinión, la utilización de los famosos es bastante peligrosa. Hay que considerar que la proliferación de famosos en publicidad, sobre todo en televisión, lleva al espectador a confundir los mensajes. Además, la propia personalidad del famoso puede no ser del agrado de determinados sectores del público que, por otra parte, sabe que cobra dinero para anunciar un producto, dato tampoco muy positivo.

Tomado de *www.marketingdirecto.com*

CREEMOS Y NEGOCIEMOS
A Las redes sociales – Actividad 2
PISTA 22

a. La forma de hablar «corporativa» es aburrida, y tendemos a rechazarla. Los Tweets, que proporcionan un mensaje empresarial pero con un tono personal, son más potentes y eficaces.

b. Twitter no es un canal de ventas primario, pero juega un papel en las ventas, ya que te permite tener presencia en un espacio donde tus clientes también están.

c. La mayoría de las personas que usan Twitter están abiertas a la creación de redes, lo que facilita nuestra entrada en nuevos ámbitos. Analizando los seguidores que se han unido a nuestra cuenta de Twitter descubrimos quiénes son, de dónde vienen, en qué están interesados. Si coinciden con nuestros objetivos, ¡hemos alcanzado la meta!

d. Twitter puede ser una gran oportunidad para llevar a tus seguidores a tu sitio web, bien para obtener más información o para interactuar. Un comentario interesante en un Tweet –con un enlace al área correspondiente de la página web– funciona.

e. Los medios sociales están redibujando la forma en que las empresas gestionan las relaciones con los clientes. Twitter nos da acceso directo a sus observaciones y comentarios.

Tomado de *www.enriquefarez.com*

C Comunicación interna – Actividad 2
PISTA 23

Directorio de funcionarios y empleados:
El proceso de comunicación entre las personas que colaboran en una empresa es mucho más eficiente al colocar en intranet un directorio con los datos profesionales de todos los funcionarios y empleados de la organización.

Boletines, periódicos y todo tipo de publicaciones internas:
Los boletines o publicaciones periódicas pueden ser consultados por los empleados de la empresa a través de intranet. Las publicaciones pueden contener anuncios, promociones, la sección de compraventa e incluso eventos especiales de la compañía que sean de interés colectivo.

Comunicados de prensa:
La difusión interna de los comunicados de prensa generados por la empresa constituye un medio excelente

para mantener a todo el personal al día respecto a todos los sucesos que en ella ocurren y de la información que se da a conocer a la opinión pública.

Notas de prensa publicadas:

Las notas de prensa publicadas en algún medio de información pueden ser digitalizadas y almacenadas en la intranet para ser difundidas y/o archivarse a fin de que puedan ser consultadas posteriormente.

Foros de comunicación:

A través de intranet la empresa puede implementar Foros de comunicación tanto para grupos de trabajo, comisiones o comités con propósitos específicos, como foros abiertos a través de los cuales todo el personal pueda compartir sus experiencias e intereses sobre todo tipo de temas: desde sugerencias y comentarios respecto a la propia empresa, sus políticas y procedimientos, hasta todo tipo de asuntos: profesionales, familiares, *hobbies*, etcétera.

Documentación corporativa de uso frecuente:

A través de la intranet la empresa distribuye todo tipo de documentos corporativos, a los que se puede proveer acceso a todos los usuarios de la red interna o bien a un grupo selecto de los mismos. De esta forma, el personal que lo requiere, aun cuando se encuentre geográficamente disperso, puede obtener acceso permanente e inmediato a presentaciones impresas o electrónicas, gráficas, análisis estadísticos, folletería, listas de precios y todo tipo de recursos digitales corporativos de uso interno.

Formularios y solicitudes:

Al colocar formatos de requisición de compras o de materiales y recursos de uso interno, solicitudes relacionadas con el desempeño laboral, participación en eventos, permisos y vacaciones del personal, así como cualquier otro tipo de formulario de uso interno en la intranet, se reducen considerablemente los costos operativos y los trámites se realizan de manera mucho más eficiente.

Preguntas frecuentes:

Al dedicar una sección en la que se integren las preguntas sobre diversos temas corporativos que el personal realiza frecuentemente y las respuestas que corresponden a cada una de ellas, se ahorra por completo el tiempo que deben dedicar los destinatarios de las preguntas para responderlas individualmente, sea de manera verbal, telefónica, impresa o por correo electrónico.

Adaptado de *www.interware.com*

UNIDAD 6
El dinero

CADA DI@ MÁS
B Hablando de dinero – Actividad 2
PISTA 24

1. El dinero se ha hecho redondo para que ruede.
2. Guarda el avaro su dinero para que pompee su heredero.
3. Al buen amigo, dale tu pan y dale tu vino.
4. El dinero es bueno para siervo, pero malo para amo.
5. Si quieres tener dinero, tenlo.
6. Dos andares tiene el dinero: viene despacio y se va ligero.
7. Poderoso caballero es don Dinero.
8. Ganar amigos es dar dinero a logro y sembrar en regadío.
9. Cuentas claras, amistades largas.
10. Nunca por mucho trigo fue mal año.

Tomado de *Refranes y frases populares*

ANALICEMOS Y PRACTIQUEMOS
D ¿Qué estrategia seguir con los precios ante el incremento del IVA? – Actividad 2
PISTA 25

LOCUTOR: ¡Buenos días! Todos sabemos que muchas compañías, ante el incremento del Impuesto sobre el Valor Añadido, están planteándose su estrategia de precios. Para aclarar la situación, hemos invitado a José Luis Ferrer Rossi, secretario general de la Confederación Española de Comercio. Bienvenido, señor Ferrer. Mi primera pregunta será: ¿deben las compañías repercutir ese incremento en los precios o asumirlo, estrechando sus márgenes?

JOSÉ LUIS FERRER ROSSI: Muchas gracias por su invitación. Yo pienso que hay que hablar de *elasticidad* a la hora de fijar los precios. Es importante comprender que la elevada elasticidad de un artículo me impediría tocarlo, pues si lo subo, el usuario dejará de comprarlo. Cuanto más elástico es un producto o servicio, más variaciones sufre su consumo al modificar el precio. Es evidente, entonces, que lo aconsejable es no tocarlo al alza. Pongamos como ejemplo los dispositivos electrónicos o los coches.

No son elementos de primera necesidad, por lo que uno puede aplazar su compra en el caso de que se encarezcan.

LOCUTOR: Y, ¿qué puede pasar con los productos de primera necesidad?

J. L. F. R.: En el otro lado de la balanza situemos a los productos no *elásticos*, es decir, menos sensibles a las oscilaciones, categoría a la que pertenecen, entre otros, productos como el café o el azúcar, que se adquieren de forma recurrente. La política a seguir sería la opuesta. Ahora bien, íntimamente vinculados a estos últimos, también tenemos referencias que se consumen con frecuencia, pero que no son tan imprescindibles en la vida cotidiana. Los refrescos, por ejemplo. El consumidor comparará el precio de unos días antes y, si observa cambios, podrá prescindir de ellos.

LOCUTOR: ¿Es pues una alternativa viable compensar el mantenimiento de ciertos precios con el aumento de otros?

J. L. F. R.: Creo que sí. El emprendedor ha de conocer muy bien no solo el producto sino también a su público. Si hablamos de moda, el hecho de subir el precio de ciertas prendas provocará que algunas personas consuman menos. Así que las variables a manejar son múltiples pero lo que hace falta tomar en cuenta es que si se estiran los precios, se recorta el gasto.

LOCUTOR: ¿Es sana la rivalidad en precios?

J. L. F. R.: Puede que lo sea. Existen artículos que el público mira, y contrasta, con especial detenimiento, debido a la intensa competencia. Retomando el ejemplo de los refrescos, si uno de los *gigantes* incrementa el precio, es probable que sus rivales lo aprovechen para ganarse el favor de los consumidores. De ahí que haya que extremar las precauciones.

LOCUTOR: Volviendo a los márgenes, ¿supone grandes riesgos para las empresas el hecho de estrecharlos?

J. L. F. R.: Claro que sí. En el caso de no repercutir la subida en el precio, la empresa puede perder mucho. La no subida de unos pocos céntimos parece insignificante, pero, al multiplicarla por el total de unidades vendidas, la cuenta de resultados muta por completo.

LOCUTOR: ¿Significa que el precio lo hace todo?

J. L. F. R.: No. No solo se vive de precios. En ciertos productos, el precio no es el elemento que decide la compra. El usuario se fija en otros aspectos como la marca, la innovación o la calidad. De poseer un objeto o servicio así, se puede maniobrar con más libertad para encarecer la oferta, sin dañar el consumo. Mi opinión es que el emprendedor ha de detenerse un instante y meditar sobre la posición que ocupa en el sector. En caso de ostentar el liderazgo, pienso que lo conveniente es soportar el aumento impositivo. Con esto se lanza al mercado un mensaje de confianza y marca el camino al resto, al margen de exhibir fortaleza ante los competidores. Asimismo, y como líder, siempre es posible acometer un hipotético programa de incrementos en otra ocasión.

Adaptado de Emprendedores

Actividad 5
PISTA 26

La innovación supone un potente generador de competitividad en cualquier negocio. Aplicada a los precios y al comportamiento de estos ante la subida del IVA, la aseveración adquiere todo su sentido. No en vano, una política innovadora permitirá adoptar estrategias en una u otra dirección, sin costes traumáticos para la empresa. Marco Antonio García-Baile, director general de **5 à Sec**, explica: «Nuestros precios no se van a mover. La clave está en buscar servicios nuevos, gracias a los cuales confiamos compensar la pérdida de beneficio. Por ejemplo, hemos lanzado un producto denominado «superraya», una raya indeleble en los pantalones que no se borra nunca. El cliente lo prueba, le gusta y a partir de ahí nos traerá más prendas. Se trata, en resumen, de ampliar el número de prestaciones dentro de un mismo artículo.

Tenemos otro ejemplo: en vez de subir el precio, proponemos al usuario un novedoso tratamiento antimanchas en la corbata, con el que ingresamos más dinero sin encarecer la oferta. Eso sí, a cambio de darle algo más».

Así, uno ha de aportar al cliente más valor, ya sea a través de una mayor dosis de innovación o de calidad, de tal modo que se evite una fuga de consumo. Ahora bien, implica un esfuerzo inversor adicional.

Tomado de Emprendedores

CREEMOS Y NEGOCIEMOS
A ¿Dónde invertir? – Actividad 2
PISTA 27

Es difícil, tal y como están las cosas, hacer un pronóstico sobre cuál es la mejor opción para invertir. Sin embargo, tampoco la liquidez es una opción rentable. La opción más atractiva sigue siendo la renta variable. Es la que más se puede beneficiar y más rápidamente de una recuperación de las expectativas. Muchas de las grandes compañías del mercado español están claramente infravaloradas y, como inversión a medio plazo, se presentan como una buena oportunidad. Telefónica, BBVA y Endesa ofrecen importantes descuentos y escasos riesgos. Más que por sectores concretos, hay que buscar las grandes empresas muy sólidas que estén baratas. Sin embargo, y para evitar riesgos innecesarios, se puede optar por un fondo de inversión mixto de renta variable. Se aprovechará de las perspectivas de la Bolsa y de la fiscalidad que permite cambiar de un fondo a otro sin tributar por las plusvalías. Para los más adversos al riesgo, la inversión en renta fija y los depósitos financieros –especialmente a través de los nuevos canales de distribución, internet y la banca telefónica– se presentan también como alternativas. A cambio de una rentabilidad modesta, se asegura una mínima exposición a un empeoramiento de la situación.

Adaptado de *Actualidad Económica*

C Una cartera de acciones en la Bolsa de Madrid – Actividad 1
PISTA 28

1. Tome sus decisiones de inversión basándose siempre en los hechos y no en rumores o confidencias. Recuerde que es ilegal comprar o vender valores con información privilegiada que no está al alcance de otros inversores.

2. Posponga la decisión de invertir en valores ofertados por internet, por teléfono o en una «visita inesperada» hasta que disponga de toda la información por escrito y se haya asegurado de que quien se los ofrece representa a una entidad debidamente registrada.

3. Tenga en cuenta que en las inversiones usted compromete su ahorro. Tome precauciones ante los vendedores que intentan presionarle para actuar inmediatamente o le prometan rápidos beneficios.

4. Pida y revise las credenciales de las personas y entidades que no conozca e intenten venderle valores; tenga en cuenta que solo están habilitadas para efectuar este tipo de operaciones las que están debidamente registradas en la Comisión Nacional del Mercado de Valores.

5. Examine cuidadosamente los consejos o juicios de valor que le puedan transmitir terceras personas, solicite a su intermediario la información oficial registrada en la CNMV y no tome su decisión hasta que no conozca las características del producto financiero objeto de su inversión.

6. Recuerde que éxitos anteriores no son garantía de futuros éxitos en una inversión.

7. Sea especialmente cuidadoso con las inversiones en valores que ofrecen rentabilidades superiores a las del mercado o cuyo supuesto rendimiento se base en que están exentas de impuestos o cuentan con alguna ventaja fiscal.

8. Asegúrese de conocer los riesgos de pérdidas en sus operaciones con valores, sin olvidar que a mayores expectativas de grandes y rápidas ganancias, suelen corresponder mayores riesgos.

9. Recuerde que la especulación es una apuesta que solo es adecuada para aquellos que entienden y pueden controlar los riesgos que implica.

10. Sepa que sus relaciones con la entidad que le ofrece servicios de inversión deben formalizarse en un documento contractual. Infórmese sobre las comisiones y gastos aplicables a sus operaciones, solicitando el folleto de tarifas, y recuerde, además, que debe exigir de su intemediario información periódica del estado de sus inversiones y de los gastos originados por su mantenimiento y custodia, sin perjuicio de que también deba recibir información puntual de cada liquidación que le practique por sus operaciones o por los servicios prestados con sus inversiones.

Tomado del sitio internet de la CNMV

UNIDAD 7
Estrategias

ANALICEMOS Y PRACTIQUEMOS
C Redes de empresas – Actividad 4
PISTA 29

Hispajuris es una red de bufetes de abogados de tamaño medio, constituida en 1993, que cuenta con 45 despachos en 40 capitales y ciudades importantes. Pretenden llegar a ser 80 bufetes para cubrir todas las capitales de provincia y poblaciones de más de 100 000 habitantes en todas las comunidades autónomas. También prevén facturar 19,8 millones de euros.

Hispajuris ayuda a sus miembros a hacer frente a los retos que plantea el ejercicio liberal de la abogacía, procurándoles los beneficios derivados de la pertenencia a un grupo integrado, sin necesidad de perder su independencia. Los bufetes establecen entre sí los acuerdos que prefieren.

Pese a las nuevas tecnologías, la gran fuerza de los bufetes va a ser la cobertura geográfica. También explican que pretenden ofrecer a sus clientes, las pymes, un servicio global de asesoría. Para ello, han desarrollado productos como la reclamación de impagos por vía judicial en todo el territorio nacional o servicios de asesoramiento patrimonial y de comercio exterior.

Hispajuris no es una franquicia, son los propios miembros los que bucan otros socios. Deben ser despachos de reconocido prestigio, con una facturación de 200 000 a 800 000 euros, según la localidad. El ingreso se acuerda en el consejo de administración y se aprueba en la asamblea. El proceso de incorporación dura un mes.

Tomado de *Emprendedores*

D Las aerolíneas de bajo coste – Actividad 2

La gran pregunta de muchos pasajeros es en qué ahorran las compañías de bajo coste para ajustar tanto sus tarifas. Hay muchos trucos, pero se pueden resumir en las 5 medidas fundamentales que exponemos a continuación.

Rutas punto a punto. Las compañías de bajo coste tienen una forma de funcionar completamente diferente con respecto a las tradicionales. Una aerolínea tradicional tiene que ajustar los horarios de sus vuelos, de medio o largo recorrido, y, por ende, el uso de su flota a las conexiones, con todos los costes que eso implica. Las aerolíneas de bajo coste, en cambio, al operar vuelos de corto y medio radio, no se preocupan de que haya conexiones entre un vuelo y otro, sino que hacen todo lo posible para llenar al máximo cada vuelo. Por el mismo motivo, estas aerolíneas facturan el equipaje para un solo vuelo y no lo reenvían a otro destino, incluso si el pasajero tiene contratados dos vuelos consecutivos. Es decir que si un viajero contrata dos pasajes, por ejemplo de Valencia a Madrid y de Madrid a Milán, tendrá que facturar la maleta tanto en Valencia como en Madrid. Esta situación hace que los costes de manejo de los equipajes en los aeropuertos sean netamente inferiores. Algunos analistas hablan de una diferencia del 30%.

Costes de personal. Al operar vuelos punto a punto, las aerolíneas de bajo coste nunca pagan hoteles a sus tripulaciones para pernoctar fuera del aeropuerto: el piloto y el personal de cabina, al igual que el avión, siempre vuelven a su base. Cabe destacar que los costes de alojamiento de las tripulaciones suelen ser un capítulo

de gasto muy importante en las cuentas de las compañías. Por el resto, si bien es cierto que las condiciones de trabajo de pilotos y tripulantes de cabina no son tan buenas como en las aerolíneas tradicionales, «en la mayoría de los casos, sus condiciones laborales son aceptables», aseguran desde el sindicato de los pilotos.

Aeropuertos pequeños. Operar en aeropuertos pequeños y alejados de los principales núcleos urbanos permite a las compañías de bajo coste evitar los atascos, típicos de las grandes escalas, y aumentar la rotación de sus vuelos. Otro punto clave de su estrategia es la reducción al mínimo de los gastos en sus bases. Muchas renuncian, incluso, a tener oficinas de atención al cliente. Además, como aproximadamente un 70% de los billetes de estas aerolíneas se vende a través de sus páginas web, esto implica otro ahorro en su relación con las agencias de viaje y una importante reducción de las oficinas de venta en los aeropuertos.

Flota homogénea. De hecho, casi todas las principales compañías utilizan aviones de las series Boeing 737 o Airbus 320. Esta situación permite un sensible ahorro en áreas de coste, como la ingeniería relacionada con el mantenimiento, las piezas de repuesto, y el entrenamiento de los pilotos. Además, operar con flotas de última generación, permite un sensible ahorro tanto en términos de combustible como de mantenimiento: un avión nuevo falla menos que uno más antiguo.

Servicios reducidos. El capítulo de los servicios es, sin duda, el que más se nota por parte de los pasajeros, porque es el que más directamente les afecta. Y se trata del capítulo que ha sido objeto de los mayores recortes. Desde el comienzo de la *era del bajo coste*, las comidas han dejado de estar incluidas en el precio del billete. Pero la reducción de los servicios no se queda en la comida. El ahorro, en algunas aerolíneas se nota en todo: los asientos, además de estar muy cerca entre sí, no son reclinables. También el hecho de no asignar asiento ayuda a hacer el embarque más rápido, reduciendo los tiempos de rotación.

Tomado de *Actualidad Económica*

CREEMOS Y NEGOCIEMOS
B Consumo responsable – Actividad 3

Greenwashing es un término usado para describir la práctica de ciertas compañías, al darle un giro a la presentación de sus productos y/o servicios para hacerlos ver como respetuosos del medio ambiente. No obstante, este giro es meramente de forma y no de fondo por lo que se convierte en un uso engañoso de la comercialización verde.

Un ejemplo de esto podría ser cambiar el empaque a un producto elaborado con químicos dañinos a la sociedad y/o al medio ambiente, haciéndolo lucir como amigable con la naturaleza.

Las empresas suelen recurrir al **Greenwashing** por varias razones; una de ellas es el señalamiento por parte de la sociedad respecto de sus malas prácticas; otra es que, actualmente, los productos virtuosos, emergidos de auténticas políticas y programas de responsabilidad social están encontrando buena respuesta por parte de la comunidad. Es así como, tratando de sacar partido de esta nueva tendencia, algunas marcas simplemente se maquillan para lucir como «amigables con el medio ambiente» sin serlo necesariamente.

Algunos de los ejemplos más claros de **Greenwashing** se logran a través de empaques engañosos, etiquetas ecológicas inexistentes o leyendas que en realidad son falsas pero mercadológicamente son muy atractivas como «Eficiencia energética», «Producto 100% natural», «Producto orgánico» o «Amigables con el medio ambiente.»

UNIDAD 8
Comercio internacional

CADA DI@ MÁS
A Rumbo al comercio exterior – Actividad 4
PISTA 32

Para Emilio Carmona, experto en comercio internacional, la exportación es un camino que hace más competitivas las empresas. En cuanto a los mercados, escucha lo que opina a la hora de su selección.

PREGUNTA: ¿De qué forma se plasma el permanente compromiso de las empresas españolas con el desarrollo económico y social de los países?

EMILIO CARMONA: Mucha gente ve la responsabilidad social corporativa como algo alejado del mundo de la empresa. Sin embargo, sea o no un compromiso real, será una creciente arma competitiva para hacerse con proyectos en el futuro. Por ejemplo, el tema ecológico se convirtió en una gran herramienta de marketing. En los países latinoamericanos, quien apueste por la responsabilidad social se ganará posiblemente el favor de los consumidores. En ese sentido, las compañías españolas están devolviendo de algún modo a la sociedad parte de sus beneficios en términos de servicios.

PREGUNTA: ¿Cuál es la razón de centrarse en Iberoamérica?

E. C.: Se relaciona con unas afinidades históricas y culturales. El idioma fue muy determinante, porque no había muchos empresarios que hablaran inglés cuando comenzó la expansión internacional. Además, se aprovechó el proceso de liberalización de las economías iberoamericanas y la necesidad de captación de inversiones en sectores donde en España se pasaba de monopolios a empresas privadas muy sólidas, con buenas perspectivas de futuro.

PREGUNTA: ¿Cómo van las empresas españolas en los países hispanoamericanos en particular?

E. C.: En términos generales, países que crecen a buen ritmo, que poseen estabilidad política y que ofrecen seguridad contractual a las empresas españolas son los que están captando mayor inversión extranjera. Chile o Perú lo están haciendo muy bien. Raro es el mes en el que no se va a ver qué oportunidades de negocio hay.

Tomado de *www.elsiglodeeuropa.es*

Actividad 5
PISTA 33

Te vamos a presentar dos empresas que hemos escogido por el interés que representa su selección de mercados exteriores: en África para la empresa de calzado Pikolinos; en Perú para la empresa de cosmética natural Babaria.

Pikolinos, un proyecto de comercio justo con la comunidad maasai.
Juan Perán, presidente y fundador del Grupo Pikolinos, ha creado una marca con presencia internacional y única en el mercado: la primera firma de calzado ecológica con sello español. Pero también se trata de una marca comprometida con la sociedad. De hecho, a través de la Fundación Juan Perán-Pikolinos, han lanzado proyectos de desarrollo en países del tercer mundo, siendo el último una línea de calzado en la que utilizan adornos fabricados por las mujeres maasai.

El trabajo de las mujeres maasai es un maravilloso y colorido signo de la identidad y cultura de esta comunidad keniata. Ellas tienen un papel fundamental a la hora de contribuir al bienestar de los miembros de la familia y la comunidad: son las encargadas de construir las casas, recolectar frutos y cuidar de los niños, así como de hacer artesanías que venden a los turistas. De esta manera ha surgido la colaboración de Pikolinos con la Asociación de Desarrollo, Comercio Alternativo y Microcrédito para la comercialización de una línea étnica de calzado.

Actualmente, ya son 1600 las mujeres que bordan a mano las pieles de Pikolinos para la colección maasai. Una vez bordadas con sus motivos originales y tan característicos de la tribu africana, se envían a España donde se hace el montaje final de las sandalias y de toda la línea de accesorios. Finalmente, el 100% de los beneficios de estos artículos se destina al desarrollo de proyectos sociales en el Maasai Mara, como la construcción de un colegio para 150 niños maasai, iniciativa que hoy en día ya es una realidad gracias a este proyecto pionero en responsabilidad social corporativa.

Adaptado del sitio internet de Pikolinos

Babaria, un pie fuera de España.

¿Cómo Babaria, la empresa de cosmética natural, ha logrado mejorar su nivel de ventas? Además de la innovación, precisa el director general, Ricardo Soucase, la otra baza importante es apoyar las ventas en países emergentes, bien mediante filiales, distribuidores o incluso con acuerdos de franquicia para producir los productos en otros países. Indica que la exportación supone hoy cerca del 30% de la cifra total del negocio y que los mercados más importantes están en África, Oriente Medio y Suramérica.

En particular, crearon una filial en Perú con un equipo de cinco personas para potenciar su presencia en los mercados de la zona. Esta nueva empresa está llamada a ser el puente que enlace la Península con el subcontinente americano. Una idea que se basa en el hecho de que estos países han cerrado entre ellos acuerdos comerciales que están destinados a llevar a un mercado más unificado. En este sentido, la elección de Perú no ha sido casual. El país es miembro de la Comunidad Andina de Naciones (CAN), que se completa con Bolivia, Colombia y Ecuador. Dichos Estados forman una zona de libre comercio, por lo que los productos circulan con libertad, sin precisar el pago de aranceles. Además, otros países vecinos (Argentina, Brasil, Chile, Paraguay y Uruguay) son Estados asociados a la CAN. La empresa deposita grandes esperanzas en la futura trayectoria de estos mercados, ya que se puede observar que son mercados en expansión y donde aún hay huecos comerciales.

Tomado de Emprendedores

B Los tratados comerciales de Iberoamérica – Actividad 1
PISTA 34

Los tratados comerciales de Iberoamérica consisten en acuerdos regionales destinados a ampliar el mercado de bienes y servicios entre los países participantes. Básicamente, estriban en la eliminación o rebaja sustancial de los aranceles para los bienes entre las partes, y acuerdos en materia de servicios. Se rigen por las reglas elaboradas entre los países. Los cinco tratados más importantes son:

El Tratado de Libre Comercio de América del Norte es un acuerdo regional entre los gobiernos de Canadá, de los Estados Unidos y de México para crear una zona de libre comercio. Se firmó en noviembre de 1993 y entró en vigencia a partir del 1º de enero de 1994.

El Mercado Común Centroamericano se rige por el Tratado de Managua de 1960. Los países fundadores fueron Guatemala, El Salvador, Honduras y Nicaragua. Costa Rica se adhirió en 1962.

La Comunidad Andina de Naciones (CAN), antes conocida como el **Pacto Andino**, es un organismo regional de cuatro países: Bolivia, Colombia, Ecuador y Perú. El proceso andino de integración se inició con la suscripción del Acuerdo de Cartagena el 26 de mayo de 1969. También cuenta con cinco países asociados: Chile, Argentina, Brasil, Paraguay y Uruguay.

El Mercado Común del Cono Sur (MERCOSUR) es un bloque subregional integrado por Argentina, Brasil, Paraguay y Uruguay, países a los que se han unido Venezuela y Bolivia. Tiene como países asociados a Chile, Colombia, Perú y Ecuador. Fue creado el 26 de marzo de 1991 con la firma del Tratado de Asunción.

La Alianza del Pacífico es un mecanismo de integración económica y comercial del cual forman parte Chile, Colombia, México y Perú. Establecida formalmente el 6 de junio de 2012, la Alianza incluye un importante componente de cooperación con el propósito de definir acciones conjuntas para la vinculación comercial con Asia-Pacífico.

Tomado de Wikipedia

ANALICEMOS Y PRACTIQUEMOS
B La marca España – Actividad 4
PISTA 35

Con diferencia, Zara es la marca más internacional. El buque insignia del grupo gallego Inditex está presente en más de 400 ciudades en los cinco continentes y es una de las grandes referencias de la moda internacional.

Sin embargo, la popular tienda de ropa no es reconocida como una marca española por muchos consumidores. Lo mismo sucede con la cadena de moda catalana Mango, las empresas hoteleras Sol Meliá y NH, Telefónica o los bancos BBVA y Santander.

La razón de que las primeras marcas de renombre internacional no sean reconocidas como españolas obedece, principalmente, a que la gran mayoría de las empresas que salen al exterior no van luciendo la bandera de su país como pasaporte.

«Como la imagen de España no aporta ningún valor, muchas empresas prefieren no hacer exhibición de sus orígenes», afirma Miguel Otero, director general del Foro de Marcas Renombradas Españolas, una entidad mitad pública mitad privada que tiene el cometido de mejorar la imagen comercial del país en el extranjero.

Es más, muchas empresas cuando se implantan en el exterior optan por modificar su nombre, con el objetivo de adaptarse y mimetizarse mejor con el entorno en el que quieren hacer negocio. Así, en Estados Unidos, la concesionaria de Ferrovial, Cintra, se llama Cintra USA o Iberdrola Renovables, pasa a ser Iberdrola Renewables.

Inditex, en su página web se presenta como «uno de los principales distribuidores de moda del mundo, con ocho formatos comerciales que cuentan con 6058 establecimientos en 86 mercados.» Es en el último párrafo de esa misma presentación donde se apunta que «La primera tienda Zara abrió en 1975 en La Coruña (España), lugar en el que inició su actividad el grupo y en el que se ubican los servicios centrales de la compañía». En ningún momento se dice, explícitamente, que la empresa es española.

Entre las marcas que más conocen los consumidores extranjeros, están los dos primeros clubs de fútbol: Real Madrid y Barça. Curiosamente, estas firmas sí son identificadas en el extranjero como españolas.

Tomado de *El Mundo*

CREEMOS Y NEGOCIEMOS
A Mercados emergentes – Actividad 1
PISTA 36

SPAINGLOBAL: ¿Cómo ve a las empresas españolas en el mercado de Brasil? ¿Cuáles son los principales fallos y aciertos que se perciben en su actuación?

NURIA PONT: Los procesos de privatización realizados en Brasil a inicios de la pasada década fueron aprovechados por las empresas españolas para tomar posiciones en los sectores de telecomunicaciones, energía, financiero y de seguros.

En los últimos años las inversiones españolas en Brasil, se han concentrado en el sector financiero, construcción, energías renovables y turismo.

SPAINGLOBAL: ¿Cómo se percibe en Brasil a España y a las empresas españolas?

N. P.: Hay un gran interés por parte de Brasil y de sus ciudadanos por el idioma español y nuestra cultura en general. La imagen de España en Brasil es excelente.

SPAINGLOBAL: ¿Qué recomendaciones básicas daría a las empresas españolas que quieran abordar el mercado brasileño?

N. P.: El inversor que tiene planes de invertir en Brasil, a veces se encuentra con dificultades legales fruto del desconocimiento y de las regulaciones propias y específicas del nuevo mercado al que está llegando. En Brasil hay que entender el funcionamiento de la burocracia, conocer las normativas fiscales, así como las diferencias socioculturales, por lo que es importante asesorarse antes de realizar cualquier tipo de inversión.

SPAINGLOBAL: ¿Qué actividades desarrolla la Cámara de Comercio?

N. P.: La Cámara Oficial Española de Comercio en Brasil es una asociación sin ánimo de lucro dedicada a promover las relaciones económicas y comerciales entre Brasil y España. Cada mes, reunimos comisiones de trabajo que abordan temas relacionados con las áreas de especialización de las empresas socias y regularmente ofrecemos seminarios y eventos sociales, promoviendo la creación de «networking» y la generación de intercambio de información entre la comunidad empresarial hispano-brasileña. Además de ello la Cámara ofrece una serie de servicios como realización de agendas de prospección de clientes, búsquedas comerciales y asesoría a empresas interesadas en instalarse en Brasil.

SPAINGLOBAL: ¿Cómo valoraría su experiencia de expatriada en Brasil, tanto a nivel personal como profesional?

N. P.: Mi experiencia personal ha sido muy enriquecedora. Puedo decir que se aprende mucho sobre el país al que uno llega pero también se aprende mucho sobre una misma.

SPAINGLOBAL: Los expatriados españoles, ¿se encuentran en general bien preparados para la expatriación?

N. P.: Sí, están bien preparados, prueba de ello es el enorme éxito que han alcanzado empresas españolas que están en Brasil.

SPAINGLOBAL: ¿Qué recomendaciones básicas daría a un profesional español que se vaya a expatriar?

N. P.: Que no se deje llevar por la euforia a la hora de comenzar una negociación con un empresario brasileño. Un empresario brasileño difícilmente le dirá que no. Incluso mostrará interés en establecer alguna relación comercial. Esto no quiere decir nada.

Intente concretar al máximo posible los términos para cerrar la operación. Recordar también que Brasil es un país con dimensiones continentales. Se debe prestar mucha atención al ámbito de actuación de la empresa, ya que es normal que algunas lo hagan solo en una determinada región del país.

SPAINGLOBAL: ¿Qué importancia tienen los factores culturales en las relaciones empresariales entre España y Brasil? ¿Cuáles son los principales problemas que pueden surgir?

N. P.: A pesar de la proximidad cultural, que sin duda existe, las diferencias culturales y lingüísticas pueden generar problemas relevantes. El idioma por ejemplo, puede ser una barrera, porque el famoso «portuñol» da lugar a malentendidos y a malas interpretaciones. Además la manera de trabajar, los ritmos son diferentes, la relación tiempo y plazos son diferentes.

Adaptado de *www.spainglobal.com*

UNIDAD 9
Gestión de conflictos

CADA DI@ MÁS
A La oficina más ecológica – Actividad 1
PISTA 37

A las oficinas verdes, ecológicas y energéticamente sostenibles se les llama también oficinas inteligentes. ¿Sabes por qué? Porque el enfoque de la sostenibilidad en la oficina y las medidas de ahorro tienen un impacto en los costes de la empresa. Vamos a hacer un recorrido por los rincones de una oficina-tipo con la finalidad de ofrecer a cada directivo o empleado una serie de medidas que pueden contribuir a la mejora del medio ambiente. ¡Hazte ecológico!

Traslados. Fomenta el transporte alternativo para que el personal se traslade a la oficina, en la medida de lo posible, compartiendo coche, en bici o en transporte público. Gran parte de la contaminación en la ciudad se produce por los desplazamientos en coche al trabajo.

Equipos de oficina. Los equipos de oficina pueden ser responsables de más del 20% del consumo total de energía. Consejos útiles son: apaga los equipos informáticos –ordenadores, fotocopiadoras e impresoras– cuando no los uses, sobre todo los fines de semana. En general, los portátiles son los equipos más eficientes. Consumen mucha menos energía que un ordenador convencional: ahorran un 10% o más de electricidad.

El papel. El 80% de los residuos de una oficina son papel y cartón: utiliza la impresión de papel a doble cara y de baja calidad. No imprimas, salvo que sea imprescindible. Fomenta el traspaso de información a través del e-mail.

Iluminación. Aprovecha al máximo la luz natural y regula el nivel de iluminación de espacios en función del aporte de luz natural. Sustituye lámparas incandescentes de baja eficiencia por lámparas fluorescentes electrónicas y alta eficiencia. Conseguirás un ahorro del 80%. Automatiza los sistemas de iluminación para reducir el consumo de energía entre un 15% y un 40%. Los equipos más comunes son: el temporizador y el detector de presencia.

Calefacción. Establece unas temperaturas de consigna en el interior del edificio ni muy altas ni muy bajas: alrededor de 20°. Una temperatura superior despilfarra energía y no supone un ambiente más agradable. Por cada grado que haya encima de los 20° se está gastando de forma innecesaria entre un 5% y un 7% más de energía.

Aire acondicionado. En el momento en que enciendes el sistema de climatización, todas las puertas y ventanas del recinto deben estar bien cerradas para evitar que se escape el aire frío del interior. Hay que establecer un nivel de confort aceptable –alrededor de 25°– e instalar dispositivos de control para regular el sistema de aire acondicionado de acuerdo con los requerimientos de temperatura. Recuerda que por cada grado por debajo de la temperatura de confort se está desperdiciando el 8% más de energía.

Agua. Cierra bien los grifos. Un grifo que gotea desperdicia 80 litros de agua al día. Los grifos con temporizador reducen su consumo en un 30% por cada grifo. Treinta segundos son suficientes para lavarse las manos. Para secarse las manos, sustituye las toallas de papel por una banda de tela continua autolimpiable. En los aseos, instala cisternas con doble pulsador.

Tomado de Emprendedores

Tomado de Emprendedores

ANALICEMOS Y PRACTIQUEMOS
A Hoy en dí@ – Actividad 3
PISTA 38

GLORIA: Hola Marta, te vengo a ver en nombre de algunos compañeros para hacerte unas preguntas. Estamos muy afectados por lo que te está ocurriendo, y quisiéramos ayudarte.

SRA. GONZAGA: Pero, ¿qué se puede hacer?

GLORIA: No sabemos aún, nos gustaría reaccionar de alguna forma. Pero antes debemos conocer exactamente lo que ocurrió.

SRA. GONZAGA: Pues nada, me dijeron que ya no valía para ese puesto. Yo les pregunté que por qué, que nunca nadie se había quejado de mí.

GLORIA: ¿Y?

SRA. GONZAGA: Me dijeron que no se trataba para nada de mis competencias, que en efecto todo el mundo parecía satisfecho de mi trabajo. Entonces, les dije que por qué me querían sacar de la recepción. ¿Y sabes tú lo que me contestaron?

GLORIA: Sí, pero quiero oírlo de tu propia boca.

SRA. GONZAGA: Me dijeron que estaban tratando de darle un toque más joven a la empresa. Así dijeron: un toque más joven. Que por consiguiente ya no tengo la edad para darle la cara a los clientes y a todos vosotros. Que ahora debo esconderme. Como si la edad fuera una enfermedad contagiosa.

GLORIA: ¿Quién te lo dijo?

SRA. GONZAGA: El nuevo asistente del director de RR. HH. Uno de esos jovenzuelos que te miran de arriba abajo como si fueses un bicho raro, de esos que son capaces de humillarte tan solo con la mirada.

B Las condiciones laborales – Actividad 4
PISTA 39

El estudio internacional *Work & Life Balance* acerca de las condiciones laborales pretendía explorar el nivel de estrés de los empleados y destaca cuatro motivos importantes. Son los siguientes:

Cambios acelerados. La incertidumbre del actual mercado laboral, sometido a continuos cambios, crea un sentimiento de falta de control sobre la propia situación de los empleados, aumentando sus niveles de estrés. Las empresas cambian sus objetivos de la noche a la mañana, y los empleados no tienen tiempo de asimilar estos cambios.

Mercado más competitivo. Según datos de la Comisión Europea, el 50% de los profesionales trabaja con plazos muy ajustados durante al menos una cuarta parte de su jornada laboral. A esta presión temporal se añade una mayor exigencia de competencias personales y de mejor preparación, lo que supone más competencia para acceder y mantenerse en un puesto de trabajo.

Fusiones. El estrés que generan es tremendo porque obligan a realizar cambios dentro de las organizaciones: cambia la dirección, los equipos se renuevan, llegan directivos de otros países, etcétera.

Nuevas tecnologías. Su incorporación también introduce continuos cambios en las organizaciones, generando un exceso de información y alterando las rutinas de trabajo y el entorno laboral.

Tomado de Emprendedores

Tomado de Emprendedores

Actividad 5
PISTA 40

El mismo estudio *Work & Life Balance* también analiza las fuentes de estrés entre las cuales se enumeran aquí las siete más importantes.

1. Independientemente del nivel profesional de un titulado y el de un no cualificado, el desajuste entre las expectativas, los logros pasados y los futuros es una fuente de estrés, ya que cada uno tiene expectativas en función de sus capacidades.

2. No debemos olvidar el escenario extralaboral en el que se mueve el trabajador: situación familiar, social, económica, etc. Problemas extralaborales – como un divorcio, el fallecimiento de un familiar o una deuda, por ejemplo– pueden afectar al desarrollo de las tareas laborales. Por eso es importante buscar un equilibrio entre el plano laboral y el extralaboral.

3. No es lo mismo trabajar de cara al público o en contacto directo con los clientes, que en puestos internos. La propia naturaleza de la tarea a realizar marcará el grado de dificultad psicológica que deberá afrontar cada trabajador. Estar o no preparado para desempeñarlas, la repercusión de sus acciones, el control por sus superiores, etc., influirán en el trabajador.

4. Es evidente que se trabaja mejor en un ambiente cómodo que en uno incómodo. La iluminación, el

color, el sonido, la temperatura y el diseño del puesto de trabajo y el del propio edificio influyen en el estado anímico del trabajador.

5. En cualquier organización –debido al tiempo dedicado– se establece una serie de relaciones interpersonales entre los distintos individuos. Unas positivas, que favorecen un buen clima laboral y contribuirán al desarrollo personal y profesional del trabajador y de la organización, y otras negativas, como el *mobbing*, una situación de violencia psicológica sistemática sobre un trabajador.

6. Unos quieren y pueden adaptarse a los cambios motivados por la nueva tecnología, otros no pueden porque no quieren o no son capaces, y otros ni siquiera lo intentan. Esta falta de adaptación –el «tecnoestrés»– es otra fuente más.

7. El grado de responsabilidad que tenga el trabajador dentro de la empresa marcará también el nivel de estrés, porque no es lo mismo ordenar que acatar órdenes. Dependerá, entre otras cuestiones, del apoyo que encuentre entre sus subordinados y/o sus superiores, de su preparación para asumir las responsabilidades o de la posible competencia.

Tomado de *Emprendedores*

Actividad 7
PISTA 41

En Hewlett Packard tuvimos que diseñar hace unos años un tratamiento de choque contra el estrés. Vimos que algunas personas trabajaban en exceso; en unos casos por un mal diseño del puesto; en otros, porque se habían fijado mal los objetivos. También detectamos casos de adicción al trabajo. Atajamos el problema con medidas individualizadas e implantamos cursos de formación para equilibrar todos los ámbitos de la vida: la salud física, la alimentación y los hábitos mentales. Ahora tenemos muy claro que la salud laboral empieza por la prevención. Nuestros empleados son profesionales de alto nivel, que buscan objetivos desafiantes. Nosotros intentamos facilitarles la consecución de sus metas ofreciéndoles los medios necesarios, pero siempre buscando un equilibrio entre la vida profesional y la personal.

La conciliación de lo profesional y lo privado empieza en HP con la flexibilidad en el horario. En la empresa, la libertad es muy amplia, tenemos horarios flexibles de entrada y salida, y el 45% de la plantilla puede trabajar desde casa, o desde la playa si lo prefiere. Medimos resultados, no tiempo de trabajo. En Barcelona, además, tenemos gimnasio, campo de fútbol y cancha de baloncesto en el centro de trabajo. Es importante que los empleados puedan relajarse y descansar para crear un ambiente de trabajo más atractivo. Y deportes como el baloncesto y el fútbol contribuyen a crear y fomentar un espíritu de equipo.

Tomado de *Emprendedores*

CREEMOS Y NEGOCIEMOS
A Malas prácticas en recursos humanos – Actividad 1
PISTA 42

1. Generar expectativas que luego no van a cumplirse

De acuerdo con José María Plaza Zamora, gerente de la consultora de Recursos Humanos Deloitte, es lógico que, si alguien no encuentra en una compañía lo que, a priori, le ofrecían, a medio plazo busque otro sitio: «Una cosa es atraer talento y otra retenerlo». Es importante trazar la trayectoria profesional o el plan de carrera de la persona que se incorpora, aunque sin asumir compromisos. Esto puede generar descontento. Pero la experiencia nos muestra que hacer lo contrario provoca aún mayor disgusto, porque se hace una interpretación no realista del itinerario de desarrollo de la gente. En cualquier empresa se generan cuellos de botella, hay pirámides, jerarquías y todo eso hace incompatible el compromiso en trayectoria con la realidad de lo que luego vas a poder realizar en la compañía. Siempre es mejor dejar claro desde el principio cuál es el terreno de juego.

2. Saltarse el conducto reglamentario

En opinión de José María Cardona, presidente del Centro de Estrategia y Liderazgo Cardona Labarga, lo que tiene que hacer el director general en un caso así es reunirse con los responsables de los distintos equipos para establecer con ellos los objetivos y las decisiones que deben tomarse. Hablar con un colaborador que depende de manera directa de uno de sus subordinados no solo no es malo, sino que es deseable. Pero debe hacerse solo para obtener información, no para tomar decisiones con ese subordinado al margen del jefe intermedio. Respetar el conducto reglamentario en una organización es algo elemental. Si no se respeta, no se puede trabajar en equipo, porque siempre genera desconfianzas.

3. Crear bancos de talento discriminatorios

Para Alfonso Jiménez, director de la consultora de Recursos Humanos PeopleMatters es lógico que en una empresa los distintos tipos de perfiles profesionales reciban formación diferente. Pero, ofrecer más formación y mayores oportunidades, es decir, dar un trato especial a los jóvenes que entran a formar parte de estos bancos en detrimento de otros trabajadores, genera divisiones dentro de las organizaciones. La gente los ve como enemigos, en lugar de verlos como colaboradores, porque teóricamente van a estar en mejores posiciones para promocionarse, para dirigir unidades...

Aunque se les capacite de manera diferente, no hay que descuidar la formación de la gente que no está dentro de estos bancos.

Tomado de *Emprendedores*. Especial n.º 100.
www.emprendedores.es

UNIDAD 10
Retos y éxitos de la empresa

CADA DI@ MÁS
A La historia de un gran éxito – Actividad 1
PISTA 43

Paradores de Turismo es una sociedad anónima con un solo accionista, el Estado español. Con establecimientos en todas las comunidades autónomas (a excepción de Baleares), así como en Ceuta y Melilla, es la cadena hotelera líder en turismo cultural y de naturaleza. Es, además, un instrumento de la política turística del gobierno que obtiene importantes beneficios que alimentan los objetivos públicos para los que fue creada.

Las treinta plazas hoteleras con las que comenzó al inaugurarse el primer establecimiento de la red en la Sierra de Gredos, en 1928, se han convertido en más de 10 000 y los establecimientos suman un total de más de 90, muchos de ellos ubicados en edificios históricos, como conventos, monasterios, castillos y palacios. El resto, a menudo situados en entornos monumentales o en plena naturaleza, responden a una arquitectura regional o moderna.

En la actualidad en Paradores trabajan más de 3500 profesionales y los establecimientos tienen una media de 63 habitaciones, unas dimensiones que permiten un trato más personalizado y una mayor calidad en las prestaciones a los clientes.

Tomado de *www.parador.es*

ANALICEMOS Y PRACTIQUEMOS
B Cibernegocios – Actividad 3
PISTA 44

¿Cómo consolidar un negocio de moda on-line, actividad aún embrionaria en España? Esta es la pregunta que se hicieron en No Pagues la Marca. Su responsable de Marketing y Comunicación, Borja Casal, tuvo la idea de que abrir una tienda física era el camino para apuntalar el proyecto. Este planteamiento también llevó a la empresa a diseñar servicios con valor añadido: un cliente puede realizar el pedido en internet y pagarlo después en la tienda o devolver cualquier prenda adquirida on-line. Esto refleja la política de una firma que busca generar sinergias entre los dos soportes, pero siempre con la idea de impulsar las ventas en la red, su actividad principal.

La cuestión logística también jugó su papel en el paso de on a off-line. «Una vez consolidada la web, necesitábamos un espacio que englobase almacén, oficina y punto de venta», afirma Casal. Idea que cristalizó en la primera tienda, inaugurada en la localidad alicantina de Jávea, a la que se unió otra, poco después, en Vigo.

Tomado de *Emprendedores*

C El nuevo consumidor digital – Actividad 1
PISTA 45

Hoy por hoy, se puede decir que el consumidor español tiene tanto de on-line como de off-line. Busca en internet y compra en la tienda. Es decir, las decisiones las toma en la red, pero la compra la efectúa físicamente. Le gusta acercarse al establecimiento, ver físicamente el producto y consultar con el vendedor. Luego va a casa y compara las ofertas en el ordenador. De ahí que resulte interesante conocer los principales rasgos del consumidor digital.

1. Es muy social. Se deja influir mucho por los comentarios que ve publicados y se fía de las valoraciones de otros usuarios. Hay sectores, como el del consumo de tecnología, en los que este rasgo es mayoritario.

2. Es reflexivo. El consumidor digital no es nada impulsivo. Maneja mucha información y compara con tranquilidad hasta elegir la mejor opción. Si analizamos el proceso de compra vemos que las nuevas tecnologías están creando un consumidor mucho más racional.

3. Mira mucho el precio. Más de la mitad de los internautas que compran en internet lo hacen por el precio y es una tendencia que se ha agudizado recientemente. Además, entre los alicientes que aducen para comprar en un futuro más o menos cercano en la red, las tres primeras razones están relacionadas con aspectos económicos: eliminar gastos de envío, seguridad en los pagos y mayores promociones y ofertas.

4. Es muy exigente. Está muy informado, conoce sus derechos y exige calidad y puntualidad. Ahora bien, el consumidor digital español se queja mucho, hace muchos comentarios negativos en las redes sociales, pero efectúa muy pocas reclamaciones oficiales.

5. No conoce de género. El consumo digital no diferencia entre hombres y mujeres, aunque parece que el hombre está un poco por encima a nivel global. Teniendo en cuenta que la penetración de internet raya el 70%, si excluimos las zonas rurales, a los mayores de 70 años y a los bebés, la penetración alcanzaría al 90% de la población. Cada vez se parece más al consumidor normal.

6. Le preocupa la seguridad. Este es uno de los grandes frenos. En ello hay una razón cultural: en España nunca estuvo muy arraigada la forma de venta no presencial, lo que ha supuesto un obstáculo añadido a la implantación de los pagos electrónicos. Sin embargo, es un rasgo que va desapareciendo cuanto más digitales nos hacemos.

Tomado de *Emprendedores*

CREEMOS Y NEGOCIEMOS
A El autoempleo – Actividad 8
PISTA 46

La determinación del régimen jurídico del negocio es una decisión de envergadura, ya que fijará aspectos tan importantes como la responsabilidad de los socios, el capital a desembolsar, la forma de obtención de recursos y la fiscalidad. Cada una de las posibles fórmulas de constitución de un negocio tiene sus ventajas y desventajas. A grandes rasgos, estas serían las principales:

Empresario individual. Responde con su propio patrimonio de todas las operaciones mercantiles que realiza pero, a cambio, los trámites de constitución y la fiscalidad son más sencillos. Conviene fundamentalmente a aquellos profesionales que prevean un beneficio neto anual inferior a los 45 000 euros. Por encima de esa cifra, resulta más pertinente elegir la fórmula de la sociedad.

Sociedad mercantil. La responsabilidad de los socios se limita a la cuantía del capital desembolsado, pero el papeleo de constitución y la gestión son más complica-

dos y hay que presentar periódicamente el balance de la empresa. La sociedad limitada se constituye con un capital mínimo de 3005 euros, mientras que la aportación mínima de la anónima es de 60 100 euros.

Tomado de *Emprendedores*

Actividad 9
PISTA 47

En cuanto a los autónomos, Sebastián Reyna, presidente de la Unión de Profesionales Trabajadores Autónomos (UPTA), destaca que es un colectivo poco organizado, si bien está viviendo un cambio interesante en su situación:

«Los jóvenes autónomos son más emprendedores, buscan nuevos sistemas de captación de mercados y encuentran adecuadamente los huecos que dejan las grandes empresas, aunque a veces sucumban cuando estas descubren que los espacios que habían abandonado también eran rentables».

Trabajadores autónomos según ocupación. Según la UPTA, la presencia de trabajadores autónomos ha disminuido en áreas como el comercio, la agricultura o la hostelería y se ha mantenido en otras como el transporte, la peluquería y los oficios relacionados con la construcción. Pero destaca especialmente «en las denominadas 'nuevas profesiones', que se ejercen mayoritariamente por cuenta propia. Son resaltables entre otras las actividades vinculadas al deporte, el ocio y el tiempo libre, la cultura, las tecnologías de la información y la comunicación y todo lo relacionado con servicios a las familias».

Trabajadores ocupados con dos empleos. Asalariados que al mismo tiempo trabajan como autónomos o autónomos que tienen un segundo empleo como asalariados. Muchas veces, esta doble personalidad responde a que el emprendedor comienza a trabajar por su cuenta mientras todavía trabaja como asalariado para una empresa. De esta forma, diluye los riesgos que supondría dejar su trabajo antes de tener la seguridad de que su carrera en solitario va a funcionar correctamente.

Tomado de *Emprededores*